Kohlhammer

Kohlhammer Executive Education

Herausgegeben von Dieter Wagner, Magnus Müller und Roya Madani

Christoph Rasche, Stephan A. Rehder

Change Management

Verlag W. Kohlhammer

Dieses Werk wurde im Rahmen des Projektes »QUP – Qualifizierung – Unterstützung – Professionalisierung zur Gestaltung des demografischen Wandels« entwickelt. Das Projekt wird gefördert vom Bundesministerium für Bildung und Forschung im Rahmen der Initiative »Aufstieg durch Bildung: Offene Hochschulen«. Die Verantwortung für den Inhalt dieser Veröffentlichung liegt bei den Autoren.

Erarbeitet von:
Prof. Dr. Christoph Rasche (Dozent)
Stephan A. Rehder, M.Sc. (Wissenschaftlicher Mitarbeiter)

Redaktionsschluss: 2017

Aus Gründen der besseren Lesbarkeit wird im Text verallgemeinernd das generische Maskulinum verwendet.

1. Auflage 2018

Gesamtherstellung: W. Kohlhammer GmbH, Stuttgart

Print:
ISBN 978-3-17-034118-0

E-Book-Formate:
pdf: ISBN 978-3-17-034119-7
epub: ISBN 978-3-17-034120-3
mobi: ISBN 978-3-17-034121-0

Inhalt

Abbildungsverzeichnis

Tabellenverzeichnis

1 Einführung: Change Management – Strategien, Methoden, Instrumente

1 Einführung: Change Management – Strategien, Methoden, Instrumente

1.1 Entwicklung, Begriffsbestimmung und Bezugsrahmen	1.2 Veränderungsmodelle, Change Prozesse und Erfolgsfaktoren	1.3 Consulting Framework
Kurzer historischer Abriss Begriffliche Einordnung der Organisationsentwicklung und des Change Managements Wandel: Koordinaten, Dimensionen, Grundmuster, Gestaltungsparameter, Ausmaß, Objekte und Formen	Lambda-Hypothese Change Prozess Drei-Phasen-Modell (Lewin) Sieben-Phasen-Modell (Streich) Acht-Stufen-Modell (Kotter) Eisberg-Modell der Veränderung Change Management-Studien	Business Transformation: Reframing, Restructuring, Revitalizing, Renewing Knowing-Doing-Gap Managementmethodiken entlang des Strategieentwicklungsprozesses

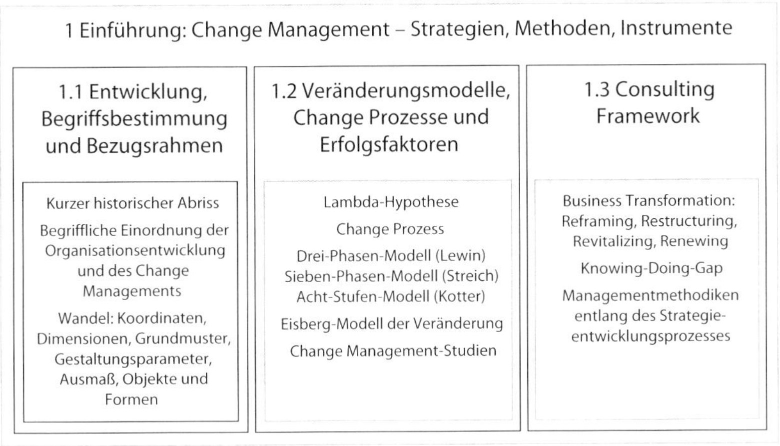

Abb. 1: Übersicht zum ersten Kapitel

1.1 Entwicklung, Begriffsbestimmung und Bezugsrahmen

Orientierung: Kurzer historischer Abriss

Aufgrund hochdynamischer und komplexer Umweltbedingungen – unter anderem hinsichtlich der globalen Wettbewerbssituation und technologischen Entwicklungen sowie des allgemeinen Wandels gesellschaftlicher, rechtlicher, politischer und wirtschaftlicher Rahmenbedingungen – sind Unternehmen in zunehmendem Maße dazu aufgefordert, Mechanismen zu entwickeln, um sich an verschiedene interne und externe Veränderungen anzupassen und in diesem Zusammenhang sowohl ihre Strukturen und Prozesse als auch ihre Strategien und Ziele zu hinterfragen und gegebenenfalls – auch proaktiv – neu auszurichten (vgl. Schiessler (2013), S. 590). Larkin und Larkin (1996) proklamieren, dass Unternehmen, neben den permanenten Veränderungen im betrieblichen Alltag, alle fünf bis zehn Jahre mit der Notwendigkeit eines holistischen Unternehmenswandels konfrontiert werden (vgl. Larkin/Larkin (1996), S. 95f.). Auch wenn das Thema vor allem ab den 1950er Jahren sukzessive an Bedeutung gewann, ist der Wandel von Organisationen kein neues Phänomen. Im Gegenteil: Organisationen unterliegen seither Veränderungen. Sowohl die Baumeister der Chinesischen Mauer als auch die Pharaonen im alten Ägypten wurden beim Bau ihrer Pyramiden mit der Notwendigkeit von organisationalen Veränderungen konfrontiert. In zumeist lose gekoppelten Systemen mussten belastbare Strukturen und Prozesse geschaffen werden, um diese gewaltigen Bauwerke realisieren zu können (vgl. Burke (2017), S. 28f.). Bereits der griechische Philosoph Heraklit von Ephesos konstatierte circa 500 Jahre vor Christus, dass nichts beständiger sei, als der Wandel. Und im Jahr 1513 schrieb Niccolò di Bernardo dei Machiavelli in *Der Fürst* mit Blick auf die Herausforderungen im Umgang mit dem Wandel (Machiavelli (1999), S. 45):

> »Auch muss man bedenken, dass kein Vorhaben schwieriger in der Ausführung, unsicherer hinsichtlich seines Erfolges und gefährlicher bei seiner Verwirklichung ist, als eine neue Ordnung einzuführen; denn wer Neuerungen einführen will, hat alle zu Feinden, die aus der alten Ordnung Nutzen ziehen, und er hat nur lasche Verteidiger an all denen, die von der neuen Ordnung Vorteile hätten. Diese Laschheit entsteht teils aus [...] Misstrauen der Menschen, die erst an die Wahrheit von etwas Neuem glauben, wenn sie damit verlässliche Erfahrungen gemacht haben.«

Nicht umsonst wird im Wandel selbst oftmals die einzige Konstante im digitalen Zeitalter gesehen, das von Risiko, Unsicherheit und Komplexität geprägt ist. Unter dem Schlagwort der Disruption werden in letzter Zeit vermehrt radikale Geschäftsmodelle diskutiert, denen ein hohes Markt- und Branchenzerstörungspotenzial zugeschrieben wird (vgl. Tiberius/Rasche (2017), S. 1ff.; Rasche et al. (2017), S. 1ff.; Rasche et al. (2018), S. 1ff.). Trotz der stetigen Präsenz und den Erfordernissen zu organisationalen Veränderungen wurde der Umgang mit Aspekten der Thematik sukzessive erst im 20. Jahrhundert professionalisiert und hielt Einzug in wissenschaftliche Disziplinen sowohl der Sozial- und Organisationspsychologie als auch der Organisations- und Managementlehre (vgl. Burke (2017), S. 29; Kostka (2016), S. 8). Dieser Entwicklungspfad erstreckt sich vornehmlich von dem von Frederick W. Taylor begründetem Scientific Management (1911) bis zur Organisationsentwicklung. Die nachfolgende Tabelle zeigt diesen Prozess und schließt mit dem Anknüpfungspunkt zum Change Management.

Tab. 1: Kurzdarstellung der Entwicklungspfade zur Organisationsentwicklung (Quelle: Eigene Darstellung in Anlehnung an Burke (2017), S. 28ff.; Kostka (2016), S. 8ff.; Schiessler (2013), S. 595ff.)

Scientific Management	wissenschaftliche Herangehensweise zur Steigerung der betrieblichen Effizienz und ökonomisch-rationale Optimierung von Management, Arbeit und Unternehmen durch Spezialisierung und Standardisierung
Hawthorne Studien	Entdeckung der wesentlichen Bedeutung von sozialen Faktoren für die menschliche Arbeitsleistung; soziale Interaktion und Gruppendynamik haben großen Einfluss auf das Arbeitsverhalten und die Arbeitsmotivation

Industrial Psychology	kombiniert Grundlagen der Psychologie mit methodischen Untersuchungen verschiedener Arbeitssituationen; analysiert zahlreiche Aspekte der Arbeitswelt und die Einstellung der Individuen und zielt auf eine Verhaltensanpassung von Individuum und Organisation
Daten-Rückkopplungs-Methode	zielt auf die Verbesserung innerbetrieblicher Zusammenarbeit vor dem Hintergrund und kombiniert Mitarbeiterbefragung und Vorgesetztenbeurteilung zur gemeinsamen Identifikation und Umsetzung notwendiger Veränderungen
Sensitivitätstraining	Intervention zur Sensibilisierung für die Wirkung individuellen Verhaltens auf eine Gruppe zur (eigenen) Reflexion und Entwicklung neuer Verhaltensweisen; Analyse interpersonaler Fähigkeiten sowie gruppendynamischer Prozesse
Aktionsforschung	Gemeinsame Klärung und Lösungsfindung von Wissenschaft und Praxis in einem rekursiven Kreislaufverfahren; umfasst eine Input- bzw. Planungs-, Transformations- bzw. Durchführungs- und Output- bzw. Reflexionsphase in einer sich wiederholenden Spirale
Soziotechnische Systeme	Betonung der gemeinsamen Betrachtung sowie von Abhängigkeiten zwischen sachlich-technischen und sozialen Aspekten bei der Auseinandersetzung mit Organisationsveränderungen
Organisationsentwicklung	ist ein systemischer Ansatz zum organisationalen Wandel; charakteristisch ist die ganzheitliche Sichtweise auf das System bzw. die Organisation

Tab. 1: Kurzdarstellung der Entwicklungspfade zur Organisationsentwicklung (Quelle: Eigene Darstellung in Anlehnung an Burke (2017), S. 28ff.; Kostka (2016), S. 8ff.; Schiessler (2013), S. 595ff.) – Fortsetzung

Die vorangestellte kurze Darstellung zeigt, wie sich die unterschiedlichen Forschungsdisziplinen, sei es in einer harten effektivitäts- und effizienzgetriebenen betriebswirtschaftlichen oder einer eher weichen, vor allem das menschliche Verhalten betreffenden (sozial-)psychologischen Hinsicht, mit Veränderungen auseinandersetzten. Wurden harte und weiche Faktoren zunächst losgelöst voneinander betrachtet, wird insbesondere im Bereich der soziotechnischen Systeme eine Verschmelzung der interdisziplinären Zugänge deutlich. Die ganzheitliche Betrachtung – unter Einbeziehung sämtlicher Aspekte und Formen des organisationalen Wandels – findet ihre bis dahin stärkste Ausprägung in der Organisationsentwicklung (vgl. Kostka (2016), S. 14). In einer modernen Diktion wird der organisatorische Wandel zunehmend mit dem Transformationsmanagement in Verbindung gebracht. Letzteres umfasst im hier verstandenen Sinne sowohl weiche und vorsteuernde Formen der Veränderung als auch harte Formen der Restrukturierung als Reflex auf manifeste Krisensituationen.

Begriffliche Grundlagen: Organisationsentwicklung

In der Literatur existiert keine einheitliche Definition zum Begriff der *Organisationsentwicklung*. Die verschiedenen wissenschaftlichen Disziplinen, die sich mit dem Thema auseinandersetzten, fokussierten diverse Teilbereiche und setzten damit verschiedene Akzente. Dennoch besteht ein allgemeiner Konsens zu den Merkmalen und Charakteristika (vgl. French/Bell (1999), S. 24). Eine frühe Definition von Beckhard (1969) umschreibt die Organisationsentwicklung als ein planvolles, unternehmensweites und von Führungskräften gesteuertes Verfahren zum Zweck der Steigerung der Wirksamkeit und Gesundheit des Unternehmens durch geplante Einflussnahme in den Unternehmensablauf mittels Erkenntnissen aus den Verhaltenswissenschaften (vgl. Beckhard (1969), S. 9). Nach einer späteren Definition von Beer (1980), zielt die Organisationsentwicklung sowohl auf eine aufeinander abgestimmte Komposition aus Unternehmensstruktur, -prozessen, -strategie, -kultur und der Menschen als auch die Entwicklung neuer und kreativer Unternehmenslösungen sowie der Fähigkeit zur Selbsterneuerung (vgl. Beer (1980), S. 10). Die im Jahre 1980 im deutschsprachigen Raum gegründete Gesellschaft für Organisationsentwicklung e. V. (GOE) bot bis zur Auflösung im Jahre 1997 eine Plattform für Unternehmensberater, innerbetriebliche Anwender und Wissenschaftler zum Austausch und zur Weiterentwicklung im Bereich der Organisationsentwicklung (vgl. Trebesch (2004), S. 72). Gemäß ihrem Leitbild handelt es sich bei der Organisationsentwicklung um einen »langfristig angelegten, nachhaltigen Entwicklungsprozess von Organisationen und der in ihr tätigen Menschen. Die Wirkung dieses Prozesses beruht auf dem gemeinsamen Lernen aller beteiligten Personen durch direkte Mitwirkung bei der Bearbeitung und Lösung betrieblicher und unternehmerischer Probleme. Das Ziel besteht in der Verbesserung der Leistungsfähigkeit und Wirtschaftlichkeit der Organisation [Produktivität] und der Verbesserung der Qualität des Arbeitslebens [Humanität]« (Leitlinien der GOE, zit. nach Meisel/Feld (2009), S. 72). Aus den oben exemplarisch vorgestellten Definitionen zur Organisationsentwicklung werden insbesondere die Ganzheitlichkeit, Langfristigkeit und umfassende Partizipation – inklusive des Lernens – aller Beteiligten sowie die starke Prozessorientierung, Veränderung der Aufbau- und Ablauforganisation und Ergebnisorientierung deutlich. Nach Doppler und Lauterburg (2014) basiert die Organisationsentwicklung auf drei fundamentalen Aspekten. Sie fassen die Philosophie der Organisationsentwicklung wie folgt zusammen (Doppler/Lauterburg (2014), S. 90):

> »*Erstens*, Veränderung ist integriert in übergreifende, längerfristige Entwicklungsprozesse des Unternehmens; *zweitens*, die jeweiligen Veränderungsziele im Hinblick auf Strategien, Strukturen, Geschäftsprozesse oder finanzielle Ressourcen werden nicht einfach von außen [...] oder oben [...] vorgegeben, sondern unter Einbezug der betroffenen Menschen entwickelt; *drittens*, die Veränderungen zielen nicht einseitig auf Produktivität und damit auf die finanziellen Interessen der Eigentümer [...], sondern in gleicher Weise auf das Wohlergehen und die Interessen der betroffenen Mitarbeiter [...].«

Vor dem Hintergrund der vorangestellten Definitionen zur Organisationsentwicklung ist zu konstatieren, dass das umfassende Ziel dieser Strömung vornehmlich darin bestand, die Gewinnziele des Unternehmens und die Bedürfnisse der Mitarbeiter miteinander zu harmonisieren. Der Fokus lag also weniger auf der Entwicklung und Anwendung von spezifischen Instrumenten des Wandels, sondern vielmehr auf der Sicherung der Balance zwischen ökonomischer Effizienz und Effektivität und der Beachtung sozialer Aspekte (vgl. Doppler/Lauterburg (2014), S. 90). An die Intention der Balanced Scorecard anknüpfend, lässt sich an dieser Stelle die Forderung nach einem Balanced Change Management aufstellen, das in Organisationen keine übergroßen Verwerfungen entstehen lässt. Allerdings ist zu konstatieren, dass jede Form des Wandels oder der Transformation auf einer bewussten »Zerstörung« einer systemischen Grundordnung besteht, um unproduktive Pfadabhängigkeiten aufzubrechen.

Institutioneller und instrumenteller Organisationsbegriff

In diesem Zusammenhang wird auch deutlich, dass es sich im Bereich der Organisationsentwicklung vornehmlich um ein institutionelles Verständnis von Organisation handelt. Nach dieser organisatorischen Denkweise werden Unternehmen ganzheitlich als sozio-technische Systeme betrachtet, die auf einen spezifischen Zweck ausgerichtet sind, über eine geregelte Arbeitsteilung verfügen und definierte Grenzen zur Umwelt aufweisen (vgl. Schreyögg (2008), S. 8f.). Dem institutionellen Organisationsbegriff steht der instrumentelle Organisationsbegriff gegenüber. Diese vornehmlich in der Betriebswirtschaftslehre verortete Perspektive fokussiert die rationale und regelorientierte Gestaltung eines Unternehmens. Vor diesem Hintergrund wird die Organisation als Instrument der Betriebsführung verstanden, das bei der Steuerung des betrieblichen Leistungsprozesses unterstützt. Grundsätzlich kann auch hier noch einmal zwischen dem funktionalen Organisationsbegriff – als Funktion der Unternehmensführung, um die Zweckerfüllung des Unternehmens zu gewährleisten – und dem konfigurativen Organisationsbegriff – als dauerhafte Strukturierung von Arbeitsprozessen und fixiertes Rahmenwerk der Disposition – unterschieden werden (vgl. Schreyögg (2008), S. 5ff.).

Von der Organisationsentwicklung zum Change Management

Im Laufe der 1990er Jahre vollzogen sich grundlegende sozioökonomische Veränderungen, die sowohl die Austausch-, Beschaffungs- und Absatzmärkte als auch die internen und externen Rahmenbedingungen von Unternehmen in starkem Maße beeinflussten. Die zunehmende Volatilität der Umweltbedingungen, die fortschreitende Globalisierung und der damit einhergehende verschärfte Wettbewerb um knapper werdende Ressourcen, die rasanten Entwicklungen im technologischen Bereich – insbesondere der Informations- und Kommunikationstechnologien – sowie veränderte Kundenerwartungen unter anderem hinsichtlich der stärkeren Individualisierung von Dienstleistungen und Produkten, führte dazu, dass sich Unternehmen in immer kürzeren Intervallen anpassen mussten. Alteingesessene Unternehmen mussten tradierte Strukturen und Prozesse aufbrechen, neue Geschäftsfelder erschließen, Fusionen oder Allianzen eingehen oder sich vollkommen neu positionieren, um weiterhin erfolgreich am Wirtschaftsgeschehen mitwirken zu können. Pfadabhängige Strukturen, Systeme und Prozesse sollen durch pfadbrechende Veränderungsimperative eine neue Gesamtordnung erhalten, die dem Anspruch der Agilität genügt. Nicht zuletzt aus diesem Grund werden Dynamic Capabilities als strategische Waffen im Hyperwettbewerb gesehen (vgl. grundlegend Rasche (1994), (2002a/b)). Das Klima des permanenten Wandels hatte zum Teil gravierende Auswirkungen auf soziale Aspekte innerhalb der Unternehmen, sodass eine ausgewogene Balance zwischen betrieblich geforderter Effektivität und Effizienz und den Bedürfnissen der Mitarbeiter nicht immer möglich war. Insofern war es notwendig über die Grundlagen der Organisationsentwicklung zu reflektieren sowie Mittel und Wege zu finden, um den Veränderungserfordernissen adäquat zu begegnen (vgl. Doppler/Lauterburg (2014), S. 90ff.). In diesem Zusammenhang wurde die Organisationsentwicklung weitergedacht und an die aktuellen Herausforderungen angepasst (Doppler/Lauterburg (2014), S. 93f., 96).

> »*Erstens*, die bisher a priori längerfristig und teilweise eher unspezifisch angelegten offenen Entwicklungsprozesse in gezielte Veränderungsprozesse umwandeln und in überschaubaren, klar strukturierten Projekten organisieren; *zweitens*, den Veränderungsprozess nicht nur am spezifischen Vorgehen messen […], sondern das Vorhaben konsequent auf das angepeilte, konkret wahrnehmbare Ergebnis ausrichten; *drittens*, viel stärker als bisher das Umfeld von Markt, Politik und Gesellschaft berücksichtigen, das durch seine Einflüsse die Chancen und Risiken jedes bestehenden Systems maßgeblich mitbestimmen […]; *viertens*, die Betroffenen von vornherein darauf einstimmen, dass Entwicklungs- und Veränderungsprozesse […] zunehmend auch mit Schmerzen, Zumutungen, Unsicherheit und Angst verbunden sind; *fünftens*, das vertraute Prinzip »Hilfe zur Selbsthilfe« ergänzen durch das »Prinzip Selbstverantwortung«.«

Die Weiterentwicklung der Organisationsentwicklung ging in der Folge in einem ganzheitlichen, planvoll-definierten und integrierten Management von Veränderungen auf, das unter Managern und Beratern fortan als *Change Management* bezeichnet wurde (vgl. Doppler/Lauterburg (2014), S. 94). Es stellt eine Synthese der oben dargestellten verschiedenen Organisationsbegriffe dar. Hier werden die institutionelle und die instrumentelle Betrachtungsweise auf Organisation zusammengeführt (vgl. Bea/Göbel (2010), S. 485ff.). Darüber hinaus impliziert das Change Management, anders als die vor allem nach innen gewandte Organisationsentwicklung, eine intensive Außenorientierung (vgl. Doppler/Lauterburg (2014), S. 96).

In der nachfolgenden Tabelle werden Organisationsentwicklung und Change Management voneinander abgegrenzt und die Merkmale bzw. Charakteristika das Change Managements denen der Organisationsentwicklung gegenübergestellt.

	Organisationsentwicklung	Change Management
Entstehung des Begriffs	Sozialwissenschaftlich geprägter Begriff für geplanten Wandel auf organisationaler Ebene, d. h. bezogen auf die gesamte Organisation	Sammelbegriff aus umgangssprachlicher Perspektive für beliebige Veränderungen in Organisationen
Organisationsverständnis	Ganzheitliche Perspektive aus personeller (z. B. Führung und Kommunikation) und struktureller (z. B. Strukturen und Prozesse) Perspektive auf die Organisation als einzigartiges System	Oftmals eher technisches Verständnis von Organisationen, d. h. Management von Veränderungen analog zu Projektmanagement und zur Veränderung technischer Systeme
Schwerpunkte	Langfristig angelegte Veränderungsmaßnahmen zur nachhaltigen Veränderung der Organisation, z. B. im Hinblick auf die Zukunftsfähigkeit oder auf Fusionen	Optimierungen mit unterschiedlichen Schwerpunkten, z. B. bezüglich Kostensenkung oder Qualitätsmanagement, Restrukturierungen etc.
Zeitliche Perspektive	Mittel- bis langfristige Perspektive der Planung und Umsetzung	Kurz- bis mittelfristige Perspektive der Planung und Umsetzung
Typische Protagonisten	Prozessberater mit Schwerpunkten in Beratung, Coaching und Training, oftmals sozialwissenschaftliche Ausbildungshintergründe	Wirtschafts- und naturwissenschaftlich orientierte Berater mit oftmals technischer Perspektive auf Veränderung
Zentrale Annahmen	Partizipation, das Streben aller Menschen nach Weiterentwicklung und die lernende Organisation	Verordnung von Veränderungen nach dem Prinzip des Bombenwurfs

Tab. 2: Abgrenzung von Organisationsentwicklung und Change Management (Quelle: Werther/Jacobs (2014), S. 47)

Begriffliche Grundlagen: Change Management

Vahs (2009) definiert Change Management als »zielgerichtete Analyse, Planung, Realisierung, Evaluierung und laufende Weiterentwicklung von ganzheitlichen Veränderungsmaßnahmen« (Vahs (2009), S. 292). In diesem Zusammenhang ist zu konstatieren, dass das Change Management kein bestimmtes Veränderungskonzept propagiert. So definiert auch Rosenstiel (2007) Change Management sehr allgemein als »das aktive Beeinflussen eines für das Unternehmen tief greifenden Wandels, der eine strategische Ausrichtung hat, parallel zueinander die Arbeit in verschiedenen Projekten erfordert und entsprechend mit einem hohen Zeit- und Prioritätendruck verbunden ist sowie meist einen Wandel der Unternehmenskultur impliziert« (Rosenstiel (2007), S. 451). Hinsichtlich des Umfangs und der Diversität steht der Begriff ›Change Management‹ für Berner (2010) als »Sammelbezeichnung für sehr unterschiedliche Arten von Veränderungsvorhaben, die eine größere Zahl von Beschäftigten betreffen und deshalb sowohl Emotionen bei ihnen auslösen als auch Reaktionen. Die Bandbreite reicht von Sanierungen und Kostensenkungsprogrammen über Qualitäts- und Reengineering-Projekte bis hin zu Kulturveränderungsprojekten und der Einführung von Leitbildern und Führungsgrundsätzen« (Berner (2010), S. 352). Auf der strategischen Ebene beinhaltet das Change Management oftmals eine fundamentale Portfoliotransformation, die sowohl Business Development-Optionen als auch eine Business Consolidation-Optionen zum Gegenstand haben kann.

Koordinaten des Wandels

Angesichts des Wandels befinden sich Unternehmen in einem Spannungsfeld aus Wandlungsbedarf, -bereitschaft und -fähigkeit. Diese Kategorientriade geht auf das sogenannte ›3W-Modell‹ der strategischen Erneuerung von Krüger (2014) zurück. Der *Wandlungsbedarf* bildet den Ausgangspunkt jeglicher Veränderung und bezieht sich auf das Ausmaß des sachlich erforderlichen Wandels. Die Aufgabe von Führungskräften besteht darin, die sachliche Notwendigkeit zur Veränderung subjektiv wahrzunehmen und anzunehmen sowie darüber hinaus im Unternehmen um Akzeptanz zu werben. Trigger solcher Veränderungsnotwendigkeiten bilden die im Folgenden exemplarisch vorgestellten allgemeinen Trends wie auch interne und/oder externe Treiber (vgl. Krüger (2014), S. 14).

Abb. 2: Trigger des Wandlungsbedarfs (Quelle: In Anlehnung an Krüger (2014), S. 15)

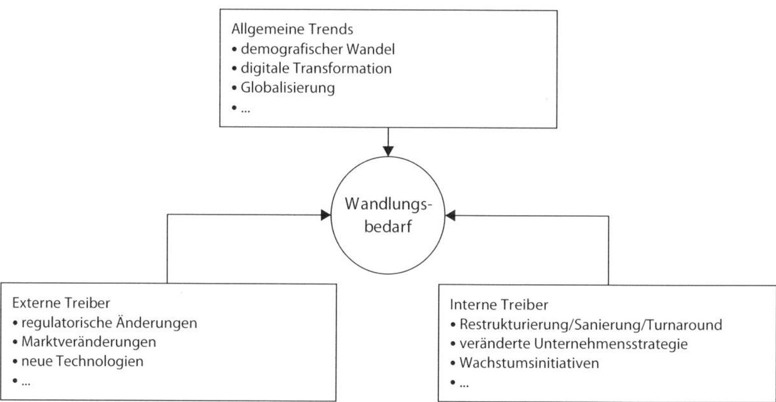

Die *Wandlungsbereitschaft* bezieht sich vor allem auf die oben bereits angesprochene Akzeptanz von Veränderungserfordernissen bei Beteiligten wie auch Betroffenen. Diese Akzeptanz prägt sich sowohl auf der Einstellungsebene als auch auf der Verhaltensebene aus. Die sogenannte Einstellungsakzeptanz umfasst vornehmlich die inneren Einstellungen, Werte und Überzeugungen von Individuen, Gruppen oder Kollektiven sowie deren Haltung zu Veränderungszielen und -maßnahmen. Die Verhaltensakzeptanz spiegelt sich im tatsächlichen Veränderungswillen und in der Bereitschaft wider, aktiv am Veränderungsprozess mitzuwirken.

In diesem Zusammenhang können sich allerdings auch Barrieren und Widerstände aufbauen. Zum Beispiel dann, wenn grundsätzliche intrapersonale veränderungsaverse Dispositionen vorliegen, die individuelle Folgenabschätzung des Wandels negativ beurteilt wird bzw. der Veränderungserfolg als gering eingeschätzt wird oder eine subjektiv wahrgenommene veränderte Anreiz-Beitrags-Situation einen negativ empfundenen Saldo ausprägt. Ein wichtiger Ansatzpunkt für Unternehmen zur Überwindung ist die gezielte Information der Beteiligten und Betroffenen zu Maßnahmen und Verfahren. Dadurch können unter anderem Unsicherheiten, Ängste und Befürchtungen ausgeräumt werden. Unternehmen haben außerdem die Möglichkeit, die Barrieren und Widerstände, unter anderem durch die Fixierung der Wandlungsaffinität in den Unternehmensleitbildern und durch die Umsetzung einer lebendigen Veränderungskultur, aufzubrechen bzw. diesen entgegenzuwirken und/oder die personelle Veränderungsmotivation durch attraktive Anreiz-Beitrags-Systeme maßgeblich zu beeinflussen (vgl. Krüger (2007), S. 198ff.; Krüger (2014), S. 19).

Die *Wandlungsfähigkeit* zielt auf die grundsätzliche Möglichkeit zur Durchführung eines erfolgreichen Wandels von der Ebene des einzelnen Individuums bis hin zur Ebene des Gesamtunternehmens ab. In diesem Zusammenhang spielen ebenso die Fähigkeiten und das Umsetzungsvermögen der sogenannten personellen Befähiger wie auch die sogenannten systemischen Befähiger – die institutionellen Dispositionen und Ausstattungen respektive die Strategie, Kultur und Technologien – eine essentielle Rolle. Dabei unterstützen sowohl eine flexible und anpassungsfähige Aufbau- und Ablauforganisation als auch institutionalisierte Module und Prozesse, wie beispielsweise Workshops, Qualitätszirkel und kontinuierliche Verbesserungsprozesse sowie flankierende Systeme zum Beispiel zur Anreizgestaltung, Planung und Kontrolle (vgl. Krüger (2014), S. 20ff.).

Dimensionen des ganzheitlichen Change Managements

Grundsätzlich gilt es nach Vahs (2009) darauf zu achten, dass die geplanten Veränderungen nicht partiell und isoliert betrachtet werden, sondern, aufgrund von verschiedenen Interdependenzen, auf mehreren Ebenen harmonisiert werden. Diese Ebenen – oder auch Handlungsfelder des Change Managements – umfassen die Strategie, Kultur, Technologie und Organisation eines Unternehmens (vgl. Vahs (2009), S. 334f.).

Die *Unternehmensstrategie* kennzeichnet das erste Handlungsfeld. Vor dem Hintergrund sowohl der normativen Verankerung des unternehmensbezogenen Leitbildes, der richtungsweisenden Vision sowie der festgelegten Prinzipien und Spielregeln als auch der intensiven Auseinandersetzung mit internen und externen Rahmenbedingungen sowie mit Potenzial- und Risikoanalysen werden entweder reaktive Anpassungs- oder proaktive Innovationsstrategien abgeleitet. Auf Grundlage der Gesamtstrategie des Unternehmens werden dann in den unteren Ebenen

Teilstrategien für die Geschäfts- und Funktionsbereiche formuliert. Die strategischen Imperative haben eine starke Signalwirkung und einen großen Einfluss auf die Unternehmensumwelt, den internen Bezugsrahmen des Unternehmens sowie die weiteren Handlungsfelder des Change Managements (vgl. Vahs (2009), S. 335f.).

Das zweite Handlungsfeld – die *Unternehmenskultur* – umfasst vornehmlich die einer Organisation inhärenten Gesamtheit der Werte, Überzeugungen und Einstellungen. Sie prägen das individuelle und kollektive Verhalten, die Entscheidungen sowie das allgemeine Denken innerhalb des Unternehmens und determinieren die Art und Weise der Interaktion mit der Umwelt. Das Change Management zielt hier vor allem auf Veränderungen des vorherrschenden Werte- und Überzeugungskanon der Organisationsmitglieder, um individuelle und kollektive Verhaltensmuster und Fähigkeiten den veränderten Bedingungen anzupassen (vgl. Vahs (2009), S. 337f.).

Die *Technologie* bildet das dritte Handlungsfeld. Sie umfasst »Verfahren, Methoden, Maschinen, Werkzeuge, Werkstoffe und das damit verbundene Anwendungswissen« (Vahs (2009), S. 339) innerhalb eines Unternehmens. Vor allem im Zusammenhang mit der rasant fortschreitenden Informations- und Kommunikationstechnologie werden etablierte Strukturen und Prozesse hinterfragt und gegebenenfalls durch neue Technologien aufgebrochen. Auf diese Weise werden neue Formen der Arbeitsgestaltung und -organisation geschaffen, Möglichkeiten zur ganzheitlichen Verantwortungsübernahme von zusammenhängenden Aufgaben generiert und Geschäftsprozesse auf eine neue Effizienzebene gehoben. An dieser Stelle deutet sich der integrale Charakter der Technologie an. Auf der einen Seite kann die Informations- und Kommunikationstechnologie Veränderungsprozesse hervorragend unterstützen, auf der anderen Seite hat die technologische Entwicklung das Potenzial, grundlegende strukturelle und prozessuale Veränderungen zu bewirken. Insbesondere im letzteren Fall wird der Bezug zur organisationalen Ausgestaltung deutlich (vgl. Vahs (2009), S. 339ff.).

Das vierte Handlungsfeld betrifft die *Organisation* und damit sämtliche Gestaltungsaspekte im Bereich der Aufbau- und Ablauforganisation von Unternehmen. Diese Form des Wandels ist weitgreifend, setzt an den organisationalen Wurzeln an und bezieht sich vornehmlich auf transformative Restrukturierungsmaßnahmen, die eine Neugestaltung der Organisationsform, der Strukturen und/oder Prozesse zum Gegenstand haben (vgl. Vahs (2009), S. 342).

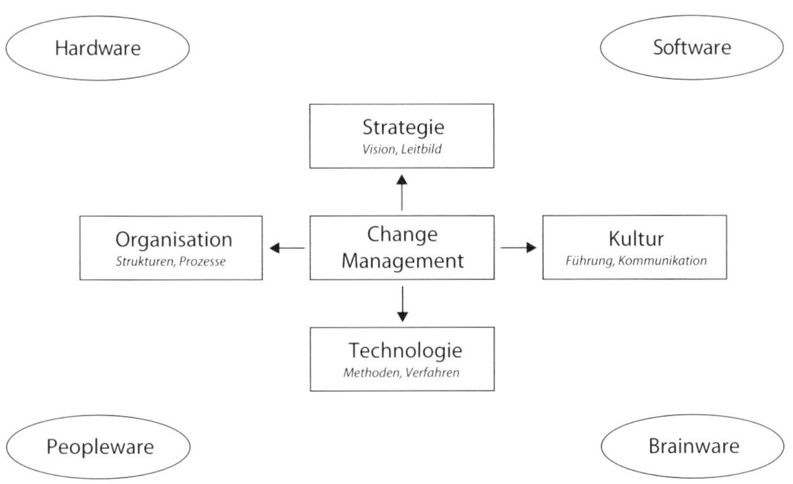

Abb. 3: Dimensionen des Change Management (Quelle: In Anlehnung an Vahs (2009), S. 335)

Flankierend greifen zu den Handlungsfeldern des Veränderungsmanagements ressourcenstrategische Ansatzpunkte, die intraorganisational in individueller Ausgestaltung in jedem Unternehmen vorhanden sind und in der speziellen Konfiguration ein wesentliches Unterscheidungsmerkmal auf interorganisationaler Ebene darstellen. Diese Ansatzpunkte können in einem Kategoriensystem nach Hard- und Software, Peopleware sowie Brainware differenziert werden. Im Bereich der *Hardware* finden sich die infrastrukturellen Ausstattungen von Unternehmen, zu denen unter anderem das zur Verfügung stehende Equipment, spezielle IT-Lösungen und Systeme sowie energetische Merkmale gehören. Die Kategorie *Software* umfasst insbesondere die Prozesse und Routinen, individuelle Best Practice-Lösungen sowie die Kommunikation. Die *Peopleware* fokussiert vor allem Aspekte, die unmittelbar mit der Personalressource in Verbindung gebracht werden kann. Dazu zählen beispielsweise das Employer Branding, das Recruiting und die Qualifizierung, wie auch der Grundsatz des Förderns und Forderns. Im Bereich der *Brainware* sind vornehmlich Wissen und Kenntnisse sowie Erfahrungen und Kompetenzen verankert (vgl. Rasche/Braun von Reinersdorff (2018)).

Grundmuster des organisationalen Wandels

Die Grundmuster des organisationalen Wandels erstreckt sich auf insgesamt drei Modelle, die sich vornehmlich hinsichtlich ihrer Richtungsstringenz unterscheiden. Beim *Idealmodell* vollzieht sich der Wandel aufgrund von Vorsteuerung und Antizipation in linearer Form. Die Umwelt ist stabil und ermöglich damit eine hohe Planungs- und Prognosesicherheit. Der Wandel selbst basiert auf eindeutigen Kausalzusammenhängen und ist durch ein nicht-repetitive Top-Down-Steuerung gekennzeichnet. Das *chaotische Modell* ist vor allem durch die Selbststeuerung und das damit verbunden nichtlineare Vorgehen geprägt. Die Planungsumwelt befindet sich in einem permanenten Wandel, sodass sie für Unternehmen ein Unsicherheitsfaktor darstellt und nicht zu antizipieren ist. Die Koordination des Wandels erfolgt dezentral durch autonome Einheiten, die sich durch selbstgesteuertes und reflexives Lernen auszeichnen. Daraus ergibt sich ein diffuses Bild der Kausalzusammenhänge. Beim *robusten Modell* dominieren Metaziele, die einen groben Korridor des Wandels vorgeben. Aufgrund der hohen Umweltvolatilität und den daraus resultierenden unscharfen Szenarien ergeben sich rekursive und indirekte Kausalitäten. Vor diesem Hintergrund vollzieht sich der Wandel aufgrund einer robust-adaptiven Planung. Das heißt, dass die Vorhersagbarkeit limitiert ist und die Roadmap der Veränderung gegebenenfalls an neue Situationen angepasst werden.

Abb. 4: Modelle des organisationalen Wandels

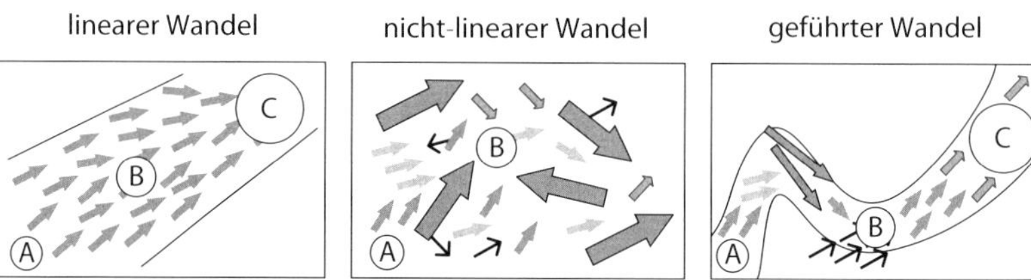

Gestaltungsparameter des Wandels

Die Deloitte & Touche Consulting Group hat auf Grundlage einer Vielzahl von Beratungsprojekten und den damit verbundenen gesammelten Erfahrungen eine allgemeine und integrierte Methodik zum Wandel entwickelt. Die sogenannte Fast Track™-Methodik definiert einerseits bestimmte Ansatzpunkte des Wandels und integriert andererseits die prozessuale Perspektive bzw. typische Phasen, die von übergeordneten Aufgaben begleitet wird. Zu diesen Aufgaben gehören die Bereitschaftsanalyse zur Veränderung (*Change Readiness Assessment*), die Planung der Führungskräfteaktivitäten im Wandel (*Change Leadership Planning*) und der Transfer von notwendigen Fähigkeiten (*Capability Transfer*). Sie flankieren das Veränderungsprojekt in sämtlichen Phasen und über die gesamte Laufzeit. Die drei typischen Phasen umfassen die Schaffung eines positiven Veränderungsklimas (*Setting the Climate for Change*), die Einbeziehung und Aktivierung des gesamten Unternehmens (*Engaging and Enabling the Whole Organization*) sowie die Implementierung des Veränderungsgegenstandes (*Implementing and Sustaining New Ways*). In den einzelnen Phasen des Veränderungsprojektes werden bestimmte Ansatzpunkte fokussiert, deren Aktivitäten entsprechend dem Projektfortschritt variieren. Diese Ansatzpunkte umfassen Führungskräfte, Projektteams, einzelne Mitarbeiter und die Personalpolitik. Die nachfolgende Abbildung stellt die Ansatzpunkte den typischen Phasen des Wandels gegenüber und markiert die jeweiligen Aktivitäten (vgl. Servatius (1998), S. 331ff.).

Abb. 5: Methodik des Wandels gemäß dem Fast Track™ (Quelle: In Anlehnung an Servatius (1998), S. 334)

Ausmaß des Wandels

Veränderungen können anhand ihres Ausmaßes unterschieden werden. Grundsätzlich gibt es zwei Ordnungen: den evolutionären Wandel und den revolutionären Wandel. Der *evolutionäre Wandel* (erste Ordnung) zeichnet sich insbesondere durch seinen inkrementellen Charakter aus. Basale Interpretations- und Bezugsrahmen, Strategien, Normen und Spielregeln sowie Strukturen und Prozesse bleiben dabei unangetastet und werden nicht umgestaltet. Stattdessen finden graduelle und kontinuierliche Anpassungen statt, die sich vornehmlich auf einzelne Unternehmensbereiche beschränken und hinsichtlich ihrer Intensität und Komplexität gut fassbar sind. Auslöser sind hier zumeist evolutionäre bzw. adaptive Aspekte, die wachstums- und umweltbedingte Veränderungsnotwendigkeiten nach sich ziehen. Der *revolutionäre Wandel* (zweite Ordnung) ist transformativer Natur und in diesem Zusammenhang geeignet, die Grundfeste von Unternehmen, deren fundamentalen Bezugsrahmen sowie verstetigte Strukturen und Prozesse zu erschüttern sowie einen Paradigmenwechsel herbeizuführen. Diese radikale Art des Wandels umfasst sämtliche Ebenen und Bereiche eines Unternehmens und ist außerdem durch seine Diskontinuität, Intensität und Komplexität gekennzeichnet. Es ist zu konstatieren, dass die Angst der Betroffenen vor Veränderungen, im Gegensatz zum evolutionären Wandel, unter anderem durch den Verlust von grundlegenden Orientierungsmustern und zunehmenden Irritationen, immens groß ist. Zu diesem Veränderungstyp gehört beispielsweise der Turnaround – dem Bruch mit der Vergangenheit (vgl. Vahs (2009), S. 277f.). Die nachfolgende Abbildung zeigt den Wandel erster und zweiter Ordnung auf den Dimensionen Komplexität und Intensität sowie Angst der Betroffenen.

Abb. 6: Evolutionärer vs. revolutionärer Wandel (Quelle: In Anlehnung an Vahs (2009), S. 277)

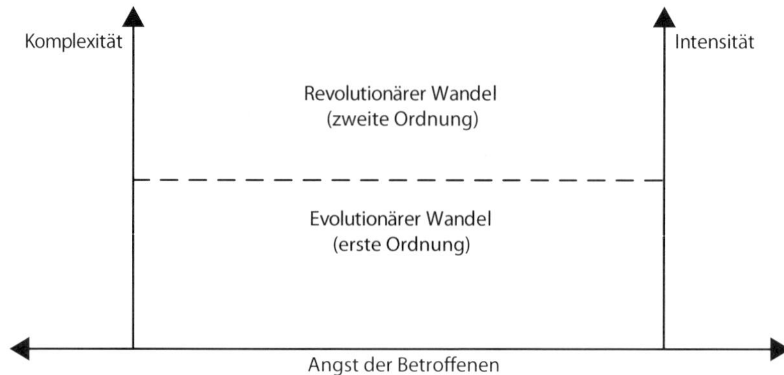

Rasche (2018) veranschaulicht die zwei Formen des Wandels und fokussiert insbesondere den Optimierungsgedanken, der jedem Veränderungsvorhaben zugrunde liegt. Beim inkrementellen Wandel (erste Ordnung) findet eine Optimierung innerhalb der bestehenden Systemgrenzen statt. In einem festen, übergeordneten Referenzsystem wird vor allem nach lokalen Optima gesucht, die geeignet sind, das vorhandene System zu verbessern. Dabei geht es insbesondere um die Ausschöpfung vorhandener Potenziale bei gleichzeitiger Risikominimierung bzw. -vermeidung. Maßgeblich ist in diesem Zusammenhang der Vergleich des Ist-Zustands mit den jeweiligen Planvorgaben und gegebenenfalls die zielorientierte Lösungsfindung bei entsprechenden Abweichungen. Das Erfolgsdenken ist kurzfristig ausgerichtet und orientiert sich vornehmlich an festgelegten Werten und Zielsystemen. Beim radikalen Wandel (zweite Ordnung) haben die vorhandenen Systemgrenzen keinen limitierenden Charakter, da sie selbst die Optimierungsobjekte darstellen. Es geht also nicht darum, das System zu verbessern, sondern es fundamental zu verändern. Hier wird das globale Optimum gesucht, welches dazu geeignet ist, neue Referenzsysteme zu etablieren. In diesem Zusammenhang ist zu konstatieren, dass für solch ein Veränderungsvorhaben die Risikoneigung stark ausgeprägt und das Erfolgsdenken langfristig ausgelegt sein sollte.

Abb. 7: Inkrementeller vs. radikaler Wandel

evolutionär | inkrementell

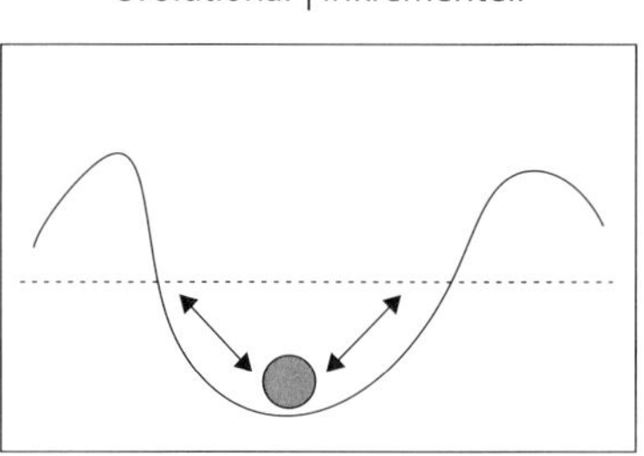

revolutionär | radikal

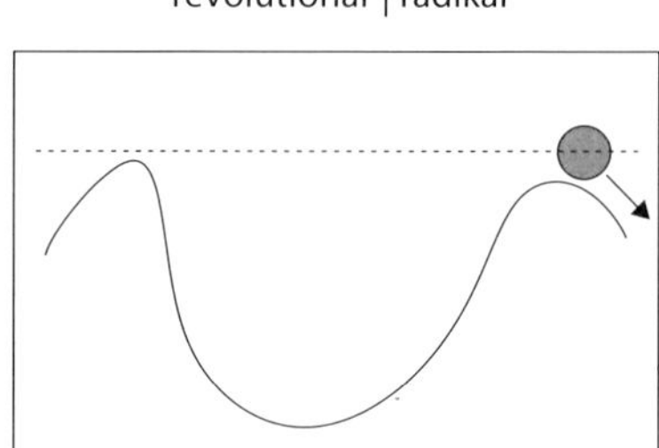

Idealtypische Modelle des organisationalen Wandels

Im Bereich des organisationalen Wandels können drei idealtypische Modelle identifiziert werden: das verklärte Idealmodell, das Machtmodell und das Verhaltensmodell. Das rational-analytisch *verklärte Idealmodell* ist ein systematischer Methodenansatz, der die Suche nach Wettbewerbsvorteilen in den Fokus stellt. In diesem Zusammenhang werden neue und überlegenere Konfigurationen bzw. Alternativen zum Status quo des Unternehmens identifiziert. Dieses Vorgehen bedarf jedoch einsichtiger und veränderungswilliger Akteure. So hinterfragen beispielsweise Change Agents permanent die aktuelle Situation des Unternehmens hinsichtlich interner und externer Faktoren und treiben den Wandel auf argumentativer Grundlage voran. Beim politisch motivierten *Machtmodell* steht die Suche nach persönlichen Vorteilen im Vordergrund. Das opportunistisch geprägte Verhalten der Akteure fußt auf einem Besitzstandsdenken, der Erlangung von Prestigegewinnen sowie auf der permanenten und rücksichtslosen Vorteilsnahme. Veränderungen werden in diesem Modell durch hierarchische Stellungen und politische Macht herbeigeführt. Das dritte idealtypische Modell des organisationalen Wandels ist das emotionsgesteuerte *Verhaltensmodell.* Hier steht sowohl die Suche nach einem gemeinsamen Konsens als auch die individuelle Selbstbestätigung im Fokus. Ziel ist die Schaffung bzw. Sicherstellung des sozialen Friedens. Vor diesem Hintergrund werden insbesondere die Ängste und Gefühle der Betroffenen von den Akteuren des Wandels berücksichtigt. Ihnen obliegt in diesem Zusammenhang die Fähigkeit zur Empathie, auf deren Grundlage der Wandel erfolgt (vgl. Rasche (2005) S. 73ff.; Rasche (2007), S. 280ff.).

Objekte und Formen des Wandels

Nach Krüger (2004) umfasst das Change Management vier verschiedene Objekte und Formen des Wandels: Restrukturierung, Reorientierung, Revitalisierung und Remodellierung. Die *Restrukturierung* fokussiert insbesondere die zielgerichtete Veränderung von Systemen, Strukturen und Prozessen bzw. der Aufbau- und Ablauforganisation von Unternehmen. Im Bereich der *Reorientierung* werden vor allem grundlegende strategische Aspekte des Unternehmens hinterfragt und gezielt verändert. Diese Disziplin kann sich dabei sowohl auf einzelne Teilstrategien, beispielsweise auf der Geschäftsfeldebene, als auch auf die globale Unternehmensstrategie beziehen. Die *Revitalisierung* umfasst die interne Ausgestaltung von Unternehmen und die damit verbundene zielorientierte Veränderung von Fähigkeiten und Ressourcen. Die letzte Säule des Change Managements nach Krüger (2004), die *Remodellierung*, umfasst vornehmlich den gezielten kulturellen Wandel in Unternehmen. Hierbei sollen die von den Mitarbeitern geteilten Werte, Einstellungen und Überzeugungen verändert werden (vgl. Krüger (2004), Sp. 1605f.).

Abb. 8: Teilaspekte des Change Managements (Quelle: Eigene Darstellung in Anlehnung an Krüger (1994), S. 359)

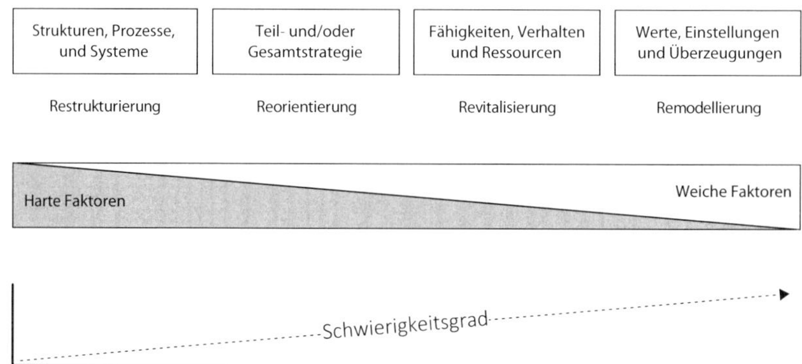

Aus der vorangestellten Abbildung wird ersichtlich, dass die Restrukturierung auf dem Kontinuum zwischen vornehmlich betriebswirtschaftlichen Aspekten auf der einen Seite und überwiegend sozialpsychologischen Gesichtspunkten auf der anderen Seite, bei den harten Faktoren des Change Managements verortet wird, während die Veränderung von Werten, Einstellungen und Überzeugungen im Bereich der Remodellierung bei den weichen Faktoren des Change Managements eingeordnet wird (vgl. Vahs (2009), S. 278). Darüber hinaus kennzeichnen die vier Formen des Wandels auch die verschiedenen Tiefen der Veränderung und den damit einhergehenden Schwierigkeitsgrad (vgl. Krüger (2004), Sp. 1606).

Heterochronizität organisationaler Maßnahmen

Bemerkenswert ist die Durchdringung des Wandels hinsichtlich des zeitlichen Horizonts im Vergleich der technischen und kulturellen Ebene. Während technische, strukturelle und prozessuale Veränderungen eher einen degressiven Verlauf einnehmen, zeichnen kulturelle Veränderungen vornehmlich eine progressive Kurve. Es ist zu konstatieren, dass die Zielerreichung von Veränderungen in Bezug auf Strukturen, Prozesse und Technologien im zeitlichen Verlauf besonders zu Beginn bereits ein hohes Niveau erreichen kann. Zwar bleibt die Kurve kontinuierlich steigend, flacht aber immer weiter ab, sodass die Zielerreichung auf hohem Niveau mehr Zeit in Anspruch nimmt. Die Zielerreichung von Veränderungen im kulturellen Bereich vollzieht sich entgegengesetzt. Zu Beginn bleibt der Grad der Zielerreichung auf niedrigem Niveau und kann sich nur langsam entwickeln. Die kontinuierlich anwachsende Kurve kann sich im Zeitverlauf aber immer weiter steigern. Zusammenfassend kann festgehalten werden, dass technische Veränderungen relativ schnell umsetzbar sind und eher im Zeitverlauf Reibungsverluste aufzeigen, die es zu behandeln gilt. Des Weiteren stellen kulturelle Veränderungen – insbesondere in der Anfangszeit – Unternehmen vor große Herausforderungen, da die Kulturveränderung einen Wandel in den nur schwer veränderbaren basalen Werten, Vorstellungen und Einstellungen erfordert. Die nachfolgende Abbildung zeigt den typischen Verlauf sowohl von technischen als auch kulturellen Veränderungen.

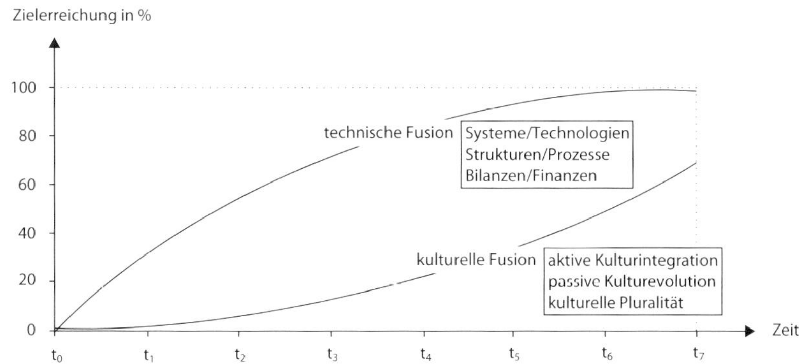

Abb. 9: Technische vs. kulturelle Fusion

1.2 Veränderungsmodelle, Change Prozesse und Erfolgsfaktoren

Lambda-Kurve des Change Managements

Die Lambda-Hypothese ist den Verhaltenswissenschaften bzw. der Psychologie entlehnt und wird insbesondere im Zusammenhang mit dem Konsumentenverhalten im Marketing zur Anwendung gebracht. Sie besagt, dass »mit zunehmender Aktivierung die Leistungsfähigkeit eines Individuums zunächst ansteigt, um ab einer bestimmten Aktivierungsstärke wieder abzufallen« (Voeth/Herbst (2013), S. 49). Das heißt, dass die Leistung eines Individuums in direkter Beziehung zum jeweiligen Aktivierungsniveau steht. Die Aktivierungsdimension reicht vom Schlaf auf der einen Seite bis zur Panik auf der anderen Seite. Diese Extreme zeichnen sich durch ein gemeinsames niedriges Leistungsniveau des Individuums aus. Ziel ist es, einen Aktivierungsgrad zu erreichen, bei der die Leistungsfähigkeit am größten ist. Dieser befindet sich zwischen diesen beiden Polen, wobei festgehalten werden muss, dass dieses optimale Aktivierungsniveau intrapersonal eine andere Ausprägung hat und damit interpersonal variiert (vgl. Kroeber-Riel/Gröpper-Klein (2013), S. 86f.). Analog kann die Lambda-Hypothese auch auf das Change Management übertragen werden. Hier bildet sich die typische Lambda-Kurve im Relationsbereich zwischen den Dimensionen *Erfolg* des Veränderungsvorhabens und der *Geschwindigkeit*, mit der die Veränderung vorangetrieben wird, aus.

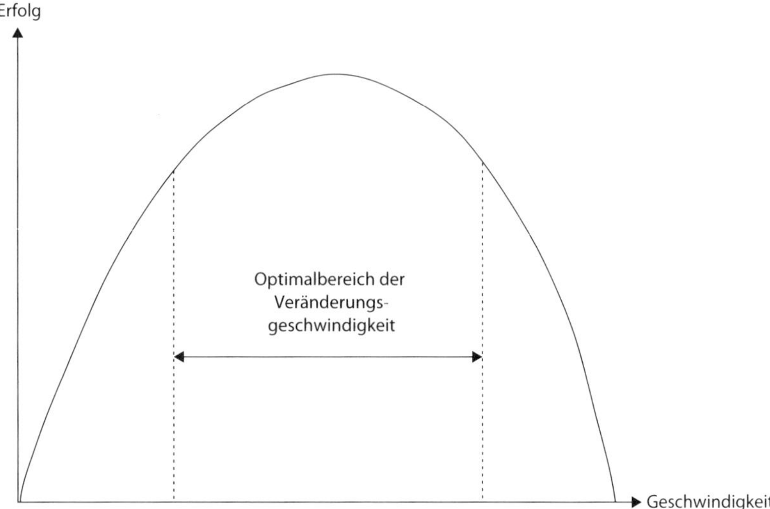

Abb. 10: Lambda-Kurve des Change Managements

Eine zu geringe Geschwindigkeit im Veränderungsprozess kann beispielsweise auf eine Form des Überperfektionismus zurückzuführen sein. Fehlende Anfangserfolge und vertane Vorschusslorbeeren in Form von Vertrauen der Mitarbeiter in das Management haben negative Auswirkungen auf das Commitment der Mitarbeiter und führen darüber hinaus zu einer Resignation. Eine zu schnelle Geschwindigkeit im Veränderungsprozess kann zunächst einmal zu grundsätzlichen Fehlern führen, die aufgrund der Komplexität eines Veränderungsvorhabens durch eine adäquate Planung und systematisches Durchdenken vermieden hätten werden können. Des Weiteren können mitarbeiterseitig Überforderungserscheinungen auftreten, die gegebenenfalls zu Ängsten und Widerständen und in letzter Konsequenz ebenfalls zur Resignation führen können. Ziel ist es daher, den Optimalbereich der Veränderungsgeschwindigkeit zu identifizieren, der sich inmitten der zwei Pole befindet. Dabei ist es essentiell eine realistische Vorstellung vom Prozess des Veränderungsvorhabens zu entwickeln, um einerseits der Komplexität gerecht zu werden und andererseits den individuellen Dispositionen der Mitarbeiter Rechnung zu tragen. Vor diesem Hintergrund müssen herausfordernde, aber auch realistische Ziele gesetzt und ein gewisser Handlungsdruck erzeugt werden sowie motivationale Aspekte der Mitarbeiter bezüglich der Veränderungsbereitschaft aktiviert werden. Die Ausnutzung einer anfänglichen Euphorie kann ebenfalls hilfreich sein und die positive Wahrnehmung des Veränderungsvorhabens über einen längeren Zeitraum tragen. Grundsätzlich bildet nach Rasche (2002) das Paretoprinzip die Maxime. Dieses nach Vilfredo Pareto benannte Prinzip besagt, dass 80 Prozent der Ergebnisse mit 20 Prozent des Gesamtaufwandes erreicht werden. Vice versa benötigen die restlichen 20 Prozent in etwa 80 Prozent der Arbeit (vgl. Bidjanbeg (2017), S. 137).

Verlauf des Change Prozesses

In einem Veränderungsprozess wirken bestimmte Kraftfelder, die sich in ihrer Wirksamkeit als retardierende und akzelerierende Kräfte kategorisieren lassen. Die retardierenden Kräfte können in diesem Zusammenhang auch Blockierer des Wandels und die akzelerierende Kräfte als Promotoren des Wandels verstanden werden. Die *retardierenden Kräfte* umfassen unter anderem die sogenannte Besitzstandswahrung – den Schutz des Arbeitsnehmers vor einer Schlechterstellung. Hierzu sind insbesondere die individualrechtlichen Regelungen in §613a BGB sowie in §1 Abs.1 KSchG anzuführen. Der §613a BGB bezieht sich auf Betriebsübergänge und die damit eventuell verbundenen Rechtsnachteile für Arbeitnehmer. Hier wird der Bestandsschutz durch Übernahme aller durch Arbeitsverhältnisse fixierten individualrechtlichen Positionen durch den neuen Arbeitgeber gewährleistet. Für kollektivrechtliche Normen gilt eine einjährige Frist, bevor diese zu Ungunsten der Arbeitnehmer angetastet werden können.

Auszug aus §613a Abs.1 BGB: »Geht ein Betrieb oder Betriebsteil durch Rechtsgeschäft auf einen anderen Inhaber über, so tritt dieser in die Rechte und Pflichten aus den im Zeitpunkt des Übergangs bestehenden Arbeitsverhältnissen ein. Sind diese Rechte und Pflichten durch Rechtsnormen eines Tarifvertrags oder durch eine Betriebsvereinbarung geregelt, so werden sie Inhalt des Arbeitsverhältnisses zwischen dem neuen Inhaber und dem Arbeitnehmer und dürfen nicht vor Ablauf eines Jahres nach dem Zeitpunkt des Übergangs zum Nachteil des Arbeitnehmers geändert werden.«

Die in §1 des Kündigungsschutzgesetzes verortete Bestandswahrung bezieht sich vornehmlich auf die Arbeitsplatzsicherheit und stärkt hierzu die Position der Arbeitnehmer. Vor diesem Hintergrund wird die Unwirksamkeit von ausgesprochenen Kündigungen aus sozial ungerechtfertigten Gründen thematisiert.

Auszug aus §1 Abs.1 KSchG: »Die Kündigung des Arbeitsverhältnisses gegenüber einem Arbeitnehmer, dessen Arbeitsverhältnis in demselben Betrieb oder Unternehmen ohne Unterbrechung länger als sechs Monate bestanden hat, ist rechtsunwirksam, wenn sie sozial ungerechtfertigt ist.«

Zu den retardierenden Kräften zählen des Weiteren die Gruppe der sogenannten Opponenten, die in die Subkategorien Fach- und Machtopponenten weiter ausdifferenziert werden können. Fachopponenten setzen beispielsweise objektspezifisches Wissen ein, um sich gegen Neuerung zu wenden. Machtopponenten nutzen ihre hierarchische Position im Unternehmen, um sich gegen Neuerungen zu wenden. Neben der Besitzstandswahrung und den Opponenten blockieren außerdem beispielsweise Quertreiber und häufig ältere Führungskräfte aus dem mittleren Management einen erforderlichen Wandel. Im Bereich der *akzelerierenden Kräfte* wirken Promotoren des Wandels, die im Wesentlichen eine Katalysatorfunktion innehaben und als Meinungsführer einen entsprechenden Einfluss besitzen um Widerstände und Ängste der Arbeitnehmer zu behandeln und im besten Fall aufzulösen. Als Gegenstück zu der Gruppe der Opponenten umfasst die Gruppe der Promotoren Macht-, Fach-, Prozess- und Beziehungspromotoren. Während die

Machtpromotoren, die – analog zu den Machtopponenten – ihre hierarchische Machtstellung im Unternehmen einsetzen, um allerdings Widerstände des Wandels zu überwinden, vornehmlich strukturelle Barrieren bearbeiten, fokussieren die übrigen Promotoren insbesondere Willens- und Fähigkeitsbarrieren. Vor diesem Hintergrund setzen Fachpromotoren ihr Fachwissen, Prozesspromotoren ihre Kenntnisse zu den internen Prozessen und Beziehungspromotoren ihre persönlichen Beziehungen zu Schlüsselakteuren ein, um Widerstände zu überwinden.

Abb. 11: Retardierende und akzelerierende Kräfte im Veränderungsprozess

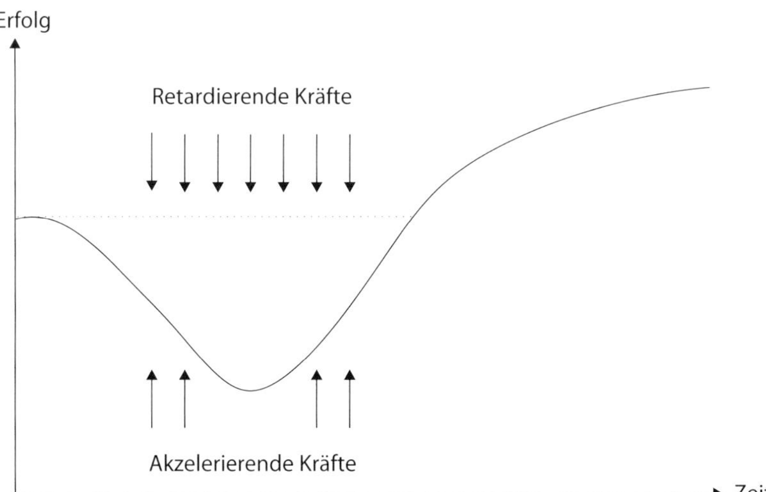

Drei-Phasen-Modell von Kurt Lewin

Der Psychologe Kurt Lewin (1890-1947) gilt als einer der Begründer der experimentellen Sozialpsychologie und der Aktionsforschung (siehe oben), die unter anderem explizit eine externe Beraterrolle herausstellt. Diese Rolle kann unter die Charakteristika von Change Agents subsumiert werden. In seinem Aufsatz »Frontiers in Group Dynamics« aus dem Jahre 1947 sowie in der posthum im Jahre 1951 veröffentlichten Aufsatzsammlung »Field Theory of Social Science« beschreibt er auf Grundlage verschiedener Einflussfaktoren die drei basalen Phasen des Wandels: auftauen (unfreezing), verändern (moving) und stabilisieren (refreezing). Vor dem Hintergrund feldtheoretischer Untersuchungen hat Lewin Kräfte identifiziert, die einerseits stabilisierenden Charakter, wie Gewohnheiten, Sicherheitsaspekte oder tradierte Verfahrensweisen, haben und auf die Beibehaltung des Ist-Zustandes zielen, und andererseits als destabilisierende Einflussgrößen, wie beispielsweise veränderte wirtschaftliche, politische oder rechtliche Rahmenbedingungen sowie gesellschaftliche oder technologische Entwicklungen, das Potenzial haben, Veränderungen auszulösen. Diesem Modell liegt die Grundannahme von Lewin zugrunde, dass sich sowohl zu Beginn (Ausgangszustand) als auch zum Abschluss (Endzustand) der Veränderungsaktivitäten jeweils ein Gleichgewicht der Kräfte einstellt, wobei das Abschlussgleichgewicht auf einer höheren Ebene zu verorten ist. Um Veränderungen zu veranlassen, muss das Gleichgewicht in der *ersten Phase* vorübergehend aufgelöst und in Richtung der destabilisierenden Kräfte verschoben werden (unfreezing). Hier soll durch Informationsweitergabe und -streuung, Motivation und Partizipation ein Veränderungsbewusstsein sowohl bei den Akteuren des Wandels auch bei den Betroffenen erzeugt werden. In der *zweiten Phase* werden die Veränderungen durchgeführt und der vom Wandel betroffene Bereich auf ein neues Niveau gehoben (moving). Die *dritte Phase* markiert die Stabilisierung der veränderten Aspekte und deren langfristige Verstetigung in den Einstellungen und Verhaltensweisen. In dieser Phase wird der neue Gleichgewichtszustand wieder eingefroren (refreezing) (vgl. Burnes (2004), S. 985ff.; Lewin (1947), S. 34f.; Lewin (1951), S. 229ff.). Die nachfolgende Grafik zeigt den Phasenverlauf der Veränderung nach Lewin.

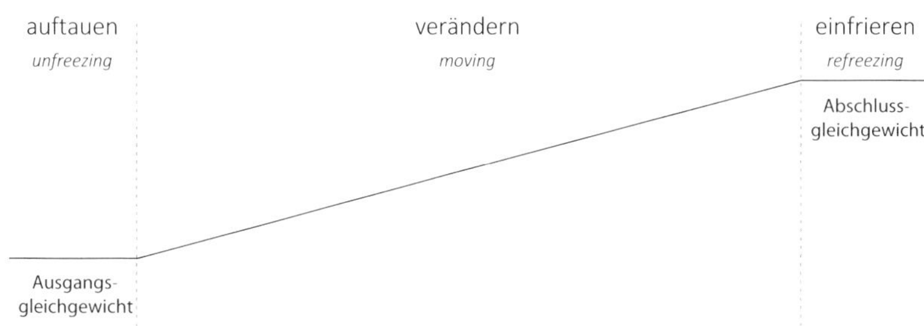

Abb. 12: Phasen der Veränderung nach Lewin (Quelle: In Anlehnung an Lewin (1947), S. 34f.)

Hinsichtlich der Ausgangs- und Abschlussgleichgewichte ist kritisch anzumerken, dass sich die Gleichgewichte unter den heutigen stetigen Veränderungserfordernissen kaum mehr einstellen werden und Unternehmen – im Sinne der Autopoiese als Prozess der Selbsterschaffung und -erhaltung eines Systems – sich permanent autonom verändern (vgl. Werther/Jacobs (2014), S. 51).

Sieben-Phasen-Modell von Richard K. Streich

Streich (1997) konstatiert, dass ein wirksames Change Management auf einer »zielgerichteten Initiierung, Planung, Steuerung und Kontrolle von neuartigen Veränderungsinhalten (z. B. strategischen Veränderungszielen), Verfahrensschritten (Methoden der Veränderungssteuerung) und Verhaltensweise (z. B. Beteiligungsgrad [...] und Verhaltensstabilisierung)« (Streich (1997), S. 238) basiert. Er greift den typischen Phasenverlauf für Veränderungen von Lewin (1947, 1951) auf und differenziert die Veränderungsphase (moving) aus der Perspektive emotionaler Reaktionen der Betroffenen bei abruptem Wandel weiter aus (vgl. Streich (1997), S. 240). Die nachfolgende Grafik zeigt das von Streich (1997) weiterentwickelte Drei-Phasen-Modell von Lewin.

Abb. 13: Veränderungsverlauf nach Streich (Quelle: In Anlehnung an Lewin (1947), S. 34f.; Streich (1997), S. 243)

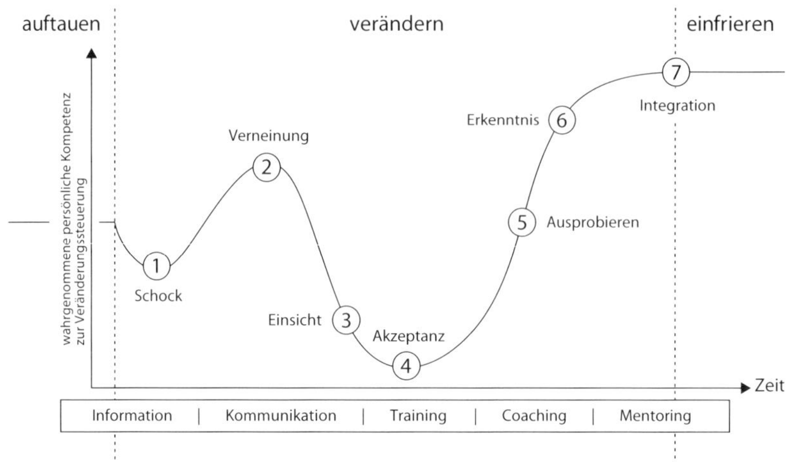

Das von Streich (1997) vorgeschlagene Modell betrachtet die wahrgenommene persönliche Kompetenz zur Veränderungssteuerung im zeitlichen Verlauf vor dem Hintergrund herausfordernder und neuartiger Veränderungen. Die wahrgenommene Kompetenz setzt sich aus den Dimensionen Können, Wollen und Dürfen sowie der tatsächlichen Realisation zusammen. Das *Können* bezieht sich im Wesentlichen auf die gesammelten Fähigkeiten und Qualifikationen, die Personen bzw. Organisationen dazu befähigen, ein Veränderungsvorhaben adäquat zu bewältigen. Das *Wollen* drückt die individuelle Bereitschaft bzw. Motivation für Veränderungen aus. Mit diesen zwei Dimensionen werden zunächst die intrapersonalen bzw. intraorganisationalen Hard Skills und Soft Skills abgedeckt. Hinzu kommt die Dimension *Dürfen*, bei der beispielsweise durch fixierte Entscheidungsregeln, soziale Spielregeln oder kulturelle Aspekte außerhalb des individuellen Einflussbereiches, Möglichkeiten zur Veränderung entzogen werden. Selbst wenn alle angesprochenen Dimensionen positiv auf Veränderungen ausgelegt sind, führt das nicht zwangsläufig zur *Realisation* des Veränderungsvorhabens. Trotz optimaler Bedingungen für den Wandel kann die subjektive Wahrnehmung von fehlenden Unterstützungselementen die tatsächliche Umsetzung verhindern (vgl. Streich (1997), S. 241f.). Gemäß den Ausführungen von Streich (1997) können durch das mehrmalige Durchlaufen der einzelnen Phasen Lerneffekte festgestellt werden, die sowohl die zeitliche Ausdehnung der gesamten Veränderungsphase verkleinern und im weiteren Verlauf die Lernkurve soweit ansteigen lassen können, dass eine kontinuierliche Veränderung gleichermaßen des Unternehmens und der Individuen erreicht wird (vgl. Streich (1997), S. 242).

Die erste Phase (*Schock*) zeichnet sich vor allem durch die erste Konfrontation mit dem Neuen und die Wahrnehmung großer Differenzen zwischen der alten und der neuen Situation aus. Die daraus erwachsenen Unsicherheiten im Umgang mit den Veränderungen erzeugen eventuell Erwartungslücken durch den negativen Abgleich von Vorstellungen und Realität. In der *Verneinungsphase* verhindern individuelle Selbstüberschätzungstendenzen im Umgang mit neuen Praktiken, das Festhalten an eingeübten Verhaltensweisen und Verfahren sowie die individuelle und kollektive Ablehnung des Neuen die Weiterentwicklung. Der Übergang zur Einsichtsphase kann nur dann erfolgen, wenn sich die Person bzw. Organisation darüber bewusst wird, dass ein anderes Verhalten oder Verfahren erforderlich ist. In der dritten Phase (*Einsicht*) erfolgt die Selbsterkenntnis von Unfähigkeiten und Unzulänglichkeiten in der Auseinandersetzung mit der veränderten Situation. Auf der einen Seite sind zwar die Veränderungsnotwendigkeiten bekannt; auf der anderen Seite existieren massive Verwirrungen und Unsicherheiten bezüglich der richtigen Verfahrensweisen. Die *Akzeptanz* der neuen Situation erfolgt in der vierten Phase. Sie ist niedrigster Punkt sowohl in der Wahrnehmung der individuellen Fähigkeiten und Kompetenzen als auch im Bereich der Selbsteinschätzung. Hier werden neue Praktiken entwickelt, die die gewohnten Verhaltens- und Verfahrensweisen ablösen sollen. Die fünfte Phase (*Ausprobieren*) ist durch das Experimentieren mit diesen Verhaltens- und Verfahrensweisen gekennzeichnet. Nach dem Versuchs- und Irrtumsprinzip werden neue Methoden erlernt, ausgebaut oder verworfen. In der *Erkenntnisphase* werden die individuellen Fähigkeiten vertieft und erste Erfolge generiert. Auf dieser Basis beginnt teilweise die Integration des Neuen in normale Alltagshandlungen. Schließlich werden in der siebenten Phase (*Integration*) erprobte Erfolgsmodelle der Verhaltens- und Verfahrensweisen vollständig übernommen und in das Fähigkeits- und Handlungsspektrum integriert. Für ein erfolgreiches Durchlaufen dieser Phasen ist es essentiell, dass die Veränderung durch Information, Kommunikation, Training, Coaching und Mentoring flankiert wird (vgl. Streich (1997), S. 242ff.).

Acht-Stufen-Modell von John P. Kotter

Das Acht-Stufen-Modell von Kotter (1996) lehnt sich ebenfalls an Lewins (1947, 1951) Drei-Phasen-Modell der Veränderung an und proklamiert acht essentielle und aufeinander aufbauende Schritte, die ein Unternehmen durchlaufen muss, um einen Wandel erfolgreich zu initiieren (vgl. Kotter (1996), S. 20, 23f.). Die nachfolgende Grafik verdeutlicht den Zusammenhang der acht Stufen.

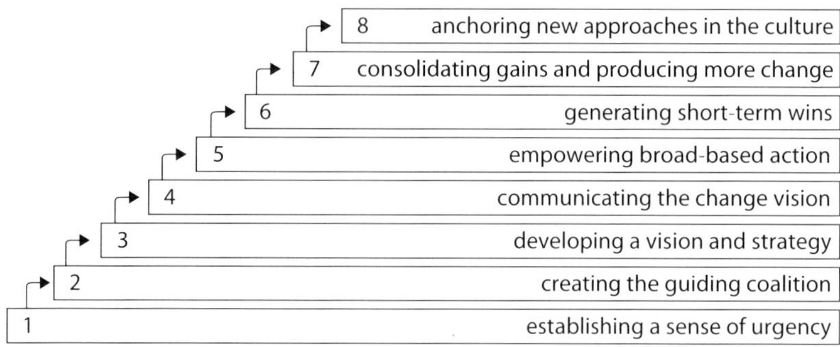

Abb. 14: Acht-Stufen-Modell nach Kotter (Quelle: In Anlehnung an Kotter (1996), S. 21)

In der ersten Stufe des Modells (*establishing a sense of urgency*) ist es erforderlich, zunächst ein Bewusstsein für den Veränderungsbedarf zu schaffen und damit ein Gefühl der Dringlichkeit zu erzeugen. Dazu sollte sowohl das Marktgeschehen als auch die Wettbewerbssituation regelmäßig erfasst und hinsichtlich der Chancen und Risiken bewertet werden. Aus der intensiven Auseinandersetzung mit (potenziellen) Krisen oder Möglichkeiten bzw. Chancen für Unternehmen wird das Problembewusstsein für notwenige Veränderungen geweckt (vgl. Kotter (1996), S. 35ff.). Die zweite Stufe (*creating the guiding coalition*) zielt auf den Aufbau einer Führungskoalition. Damit ist insbesondere die Teambildung von Führungskräften gemeint, die über einschlägige Kompetenzen, Einfluss und Macht verfügen, um Veränderungsvorhaben erfolgreich durchzuführen (vgl. Kotter (1996), S. 51ff.). Die dritte Stufe (*developing a vision and strategy*) dient der Entwicklung sowohl einer Vision als auch einer Strategie. Dabei fungiert die Vision als Imperativ für die Strategie und gibt damit die Richtung des Veränderungsvorhabens vor. Im Rahmen der Strategieentwicklung werden für die Umsetzung konkrete Maßnahmenpläne abgeleitet (vgl. Kotter (1996), S. 67ff.). Die vierte Stufe (*communicating the change vision*) bezieht sich auf die vollumfängliche Kommunikation der Vision und Strategie sowie die Ausnutzung sämtlicher zur Verfügung stehenden Kommunikationsinstrumente. Die Führungskoalition hat eine Vorbildfunktion bei der Umsetzung des Veränderungsvorhabens und steht somit im Fokus (vgl. Kotter (1996), S. 85ff.). Bei der fünften Stufe des Modells (*empowering broad-based action*) geht es vor allem darum, Hindernisse für den Veränderungsprozess zu beseitigen, wandlungshemmende Strukturen und Systeme so zu verändern, dass sie dem Veränderungsvorhaben nicht zuwiderlaufen und darüber hinaus die Mitarbeiter zur aktiven Teilnahme am Veränderungsprozess zu ermutigen und zu befähigen (vgl. Kotter (1996), S. 101ff.). Auf der sechsten Stufe (*generating short-term wins*) erfolgt die sinnvolle Zerlegung des Veränderungsvorhabens in kleine Teilaktivitäten, die jeweils über einen definierten Anfang und ein konkretes Ende verfügen. Auf dieser Grundlage können Teilerfolge messbar und auch sichtbar gemacht werden (vgl. Kotter (1996), S. 117ff.). Die siebente Stufe (*consolidating gains and producing more change*) zeichnet sich durch die Konsolidierung, also die Verstetigung der Veränderung aus. Dabei geht es insbesondere darum, die erzielten Teilerfolge zum Anlass der Veränderung weiterer Strukturen, Prozesse und Systeme zu nehmen. In diesem Zusammenhang sollten einerseits Veränderungspromotoren hinzugewonnen, entwickelt und gefördert werden sowie veränderungslimitierende Elemente eliminiert werden (vgl. Kotter (1996), S. 131ff.). Die achte und damit letzte Stufe (*anchoring new approaches in the culture*) bezieht sich auf die Betonung des Zusammenhangs zwischen den neuen Strukturen, Prozessen sowie Verhaltensweisen und dem erzielten Unternehmenserfolg. Ein wesentlicher Anker für die zukünftige Entwicklung des Unternehmens ist die nachhaltige Versorgung mit veränderungsaffinen Nachwuchskräften (vgl. Kotter (1996), S. 145ff.). Überträgt man dieses Modell auf Lewins Drei-Phasen-Modell, so sind die ersten vier Stufen in der Auftauphase, die nächsten drei Stufen in der Veränderungsphase und die letzte Stufe in der Einfrierphase verortet.

Eisberg-Modell der Veränderung

Veränderungsprozesse verlaufen, wie oben gezeigt, nicht gradlinig. Aufgrund ihrer spezifischen Komplexität und Dynamik können sich Kontroversen herausbilden, die unter anderem aus individuellen Gründen nicht offen behandelt werden oder vor allem aus machtpolitischen oder unternehmenskulturellen Gründen nicht offen behandelt werden können. Diese Kontroversen, die im Wesentlichen Motive, Absichten, Wünsche und Befindlichkeiten umfassen, liegen zumeist im Verborgenen und haben das Potential den Wandel bzw. den Veränderungsprozess nicht unerheblich zu beeinflussen. Im Sinne eines erfolgreichen Wandels ist es daher notwendig, individuelle wie auch kollektive Positionen zu externalisieren und in einem konstruktiven Rahmen zu bearbeiten (vgl. Doppler/Lauterburg (2014), S. 235). Die nachfolgende Grafik zeigt in Form eines Eisberges die sichtbare und unsichtbare Ebene.

Abb. 15: Eisbergmodell der Veränderung (Quelle: In Anlehnung an Doppler/Lauterburg (2014), S. 236)

Change Management-Studien

Im Rahmen der Change Management-Studie 2011-2012 sind die Kienbaum Management Consultants der Frage nachgegangen, warum die Ziele in Veränderungsvorhaben nur zu 17% vollständig erreicht werden. Dabei verfolgten sie die Hypothese, dass »einige gravierende Herausforderungen im Change auf den unterschiedlichen Wahrnehmungen des Veränderungsprozesses der Akteure beruhen« (Kienbaum Management Consultants (2012), S. 9). Diese Akteure differenzierten sie nach Topmanager, Projektleiter und Führungskraft. Um die zentrale Fragestellung zu beantworten, eröffneten sie drei Kategorien: Risiko- und Erfolgsfaktoren, Rollen und Erwartungen sowie Erfahrungen.

Abb. 16: Kienbaum Studie 2011-2012 (Quelle: Kienbaum Management Consultants (2012), S. 9)

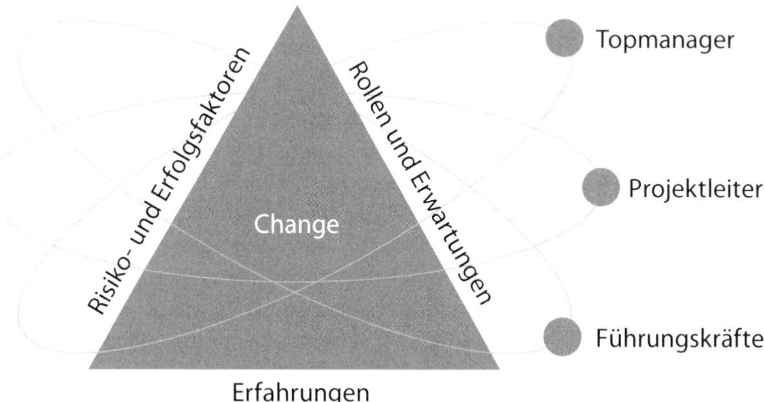

Im Ergebnis konnten die Kienbaum Management Consultants verschiedene Erfolgsfaktoren bzw. Handlungsfelder identifizieren. Diese umfassen im Wesentlichen (vgl. Kienbaum Management Consultants (2012), S. 29f.):

- Entwicklung eines gemeinsamen Verständnisses für Ziele, Prozesse und Rollen sowie der aktuellen Projektsituation
- Bereitstellung von zeitlichen Kapazitäten und Ressourcen
- Koordination und Kommunikation zwischen Akteuren des Wandels sowie Partizipation von Betroffenen
- Gewährleistung von umsetzbaren Lösungen
- Intensivierung von Personalentwicklungsmaßnahmen
- Anerkennung und Ausübung verschiedener Rollen auf der Ebene des Topmanagements, der Führungskräfte sowie der Projektleiter

Die Capgemini Consulting schreibt mit der Change Management Studie 2008 ihre Untersuchung zu Veränderungsprozessen in großen Unternehmen der DACH-Region aus den Jahren 2003 und 2005 fort. Neben weiteren Schwerpunktthemen, die unter anderem die Einstellungen, Instrumente, Rahmenbedingungen und Kostenaspekte umfassen, haben sie Erfolgsfaktoren für das Change Management empirisch ermittelt (vgl. Capgemini Consulting (2008), S. 8). Die nachfolgende Grafik zeigt das Ergebnis der Umfrage.

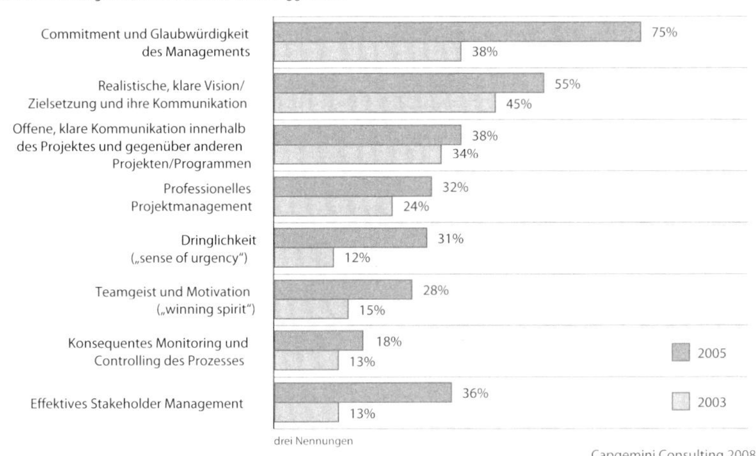

Abb. 17: Capgemini Consulting Studie 2008 (Quelle: Capgemini Consulting (2008), S. 40)

1.3 Consulting Framework

Business Transformation 4R

Die Gemini Consulting hat ein ganzheitliches Konzept für die Transformation großer Unternehmen entwickelt, das die Disziplinen Strategie, Reengineering, Informationstechnologie und Verhaltenspsychologie umfasst. Ihr Grundverständnis von Unternehmen ist an natürlichen Organismen angelehnt. Diese Analogie begründen sie damit, dass mechanistische Beschreibungen der Komplexität und Dynamik von Unternehmen nicht gerecht werden können. Das organische Unternehmenssystem ist nach dieser Auffassung in zwölf Subsysteme untergliedert. Jedes dieser Subsysteme hat das Potenzial in alle Richtungen zu streben und sich unterschiedlich – und damit teilweise auch widersprüchlich zum Gesamtsystem – auszuprägen. Die Herausforderung der Business Transformation besteht darin, durch den holistischen Betrachtungsansatz, die zwölf Subsysteme anzuerkennen und auf ein gemeinsames Ziel auszurichten (vgl. Gouillart/Kelly (1995), S. 13ff.). Das Konzept der Business Transformation umfasst vier Hauptdimensionen: Reframing, Restructuring, Revitalizing und Renewing. Die Dimension *Reframing* fokussiert unternehmensbezogene Einstellungsänderungen. In diesem Bereich geht es vornehmlich darum, tradierte und antiquierte Denkmuster aufzubrechen und damit die Errichtung eines neuen Selbstbildes und Selbstverständnisses des Unternehmens zu ermöglichen sowie weitere Potentiale zu heben und Entwicklungsmöglichkeiten zu generieren. Die *Restructuring*-Dimension hat ihren Fokus auf der Wettbewerbsfähigkeit und bezieht sich in diesem Zusammenhang auf die effektivitäts- und effizienzgesteuerte Umwandlung der Aufbau- und Ablauforganisation des Unternehmens. Im Bereich der Dimension *Revitalizing* steht das Wachstum des Unternehmens und seiner Geschäftsbereiche im Vordergrund. Die Dimension *Renewing* steht für die Erneuerung und Stabilisierung des Unternehmens mitsamt seinen Einheiten (vgl. Gouillart/Kelly (1995), S. 21f.). Jede dieser Dimensionen integriert drei Subsysteme und wird im Zuge der Unternehmensumgestaltung angetastet.

Abb. 18: 4R der Business Transformation (Quelle: In Anlehnung an Gouillart/Kelly (1995), S. 20)

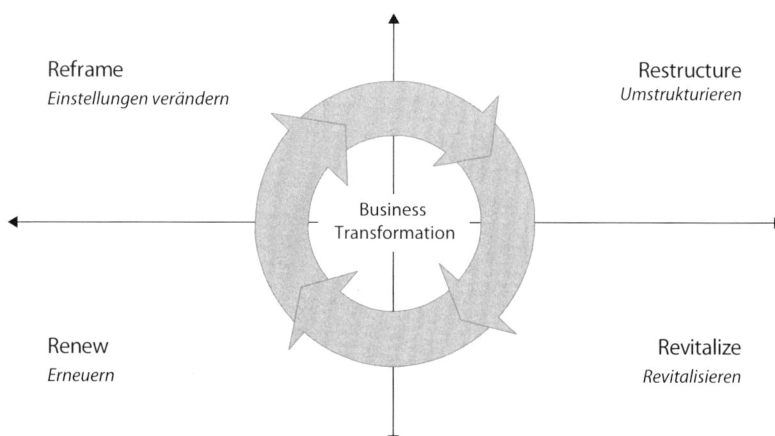

Im Bereich Reframing steht die (1) *Mobilisierung* respektive die Anwendung motivationsfördernder Maßnahmen sowie die Ermutigung zur Einsatzbereitschaft entlang der Mitarbeiter-, Team- und Unternehmensebene im Vordergrund. Ziel dieses Subsystems ist es, individuelle und kollektive Kräfte für den bevorstehenden Transformationsprozess freizusetzen. Daran schließt sich der Entwurf einer (2) *Vision* und die damit verbundene gemeinsame Anerkennung eines zukünftigen Rahmens. Dieses Konzept verweist stark auf den sinngebenden Gehalt der angestrebten Veränderungen. Auf Grundlage der vorangegangenen Mobilisierung und Visionsentwicklung werden (3) *Ziel- und Messsysteme* mit quantitativen und qualitativen Vorgaben entwickelt und implementiert. In der Dimension Restructuring werden zunächst wertsteigernde und wertvernichtende Aktivitäten unter Anwendung des Shareholder Values, der Prozesskostenrechnung oder der Wertanalyse interner Dienstleistungen identifiziert, um ein (4) *wertschöpfungsorientiertes Geschäftsmodell* aufzubauen. Darauf folgt die Neugestaltung der (5) *physischen Infrastruktur* – der Aufbauorganisation – des Unternehmens oder einer bestimmten Einheit sowie im Weiteren die Neugestaltung der komplexen

(6) *Prozessnetzwerke* – der Ablauforganisation. Das erste Subsystem der Dimension Revitalizing bezieht sich auf die umfassende und alle Unternehmensbereiche betreffende (7) *Kundenorientierung*. Das beinhaltet die Wahrnehmung und Beachtung der verschiedenen Erwartungen und (latenten) Bedürfnisse. Darauf aufbauend geht es darum, (8) *neue Geschäftsfelder* zu identifizieren und neue Angebote zu entwickeln. Vor dem Hintergrund der notwendigen Synthese von Fähigkeiten und Ressourcen können zur Anpassung und Erweiterung gegebenenfalls auch strategische Allianzen und Partnerschaften gebildet sowie Fusionen oder Unternehmensübernahmen durchgeführt werden. Das letzte Subsystem dieser Dimension umfasst die Schaffung von Wettbewerbsvorteilen durch Ausnutzung neuester (9) *Technologien*. Die Dimension Renewing beinhaltet die gleichsame Stabilisierung und Flexibilisierung des Unternehmens. Das wird einerseits durch die Implementierung individualisierter (10) *Anreizsysteme* für die Mitarbeiter sowie den Zugang zu beruflichen Weiterbildungsangeboten, wechselseitige Lernprozesse und die Förderung (11) *individuellen Lernens* ermöglicht. Andererseits müssen (12) *Unternehmen* ihre Strukturen, Prozesse und Kultur auf einen permanenten Wandel ausrichten und sich zu einer lernenden Organisation erneuern (vgl. Gouillart/Kelly (1995), S. 24ff.).

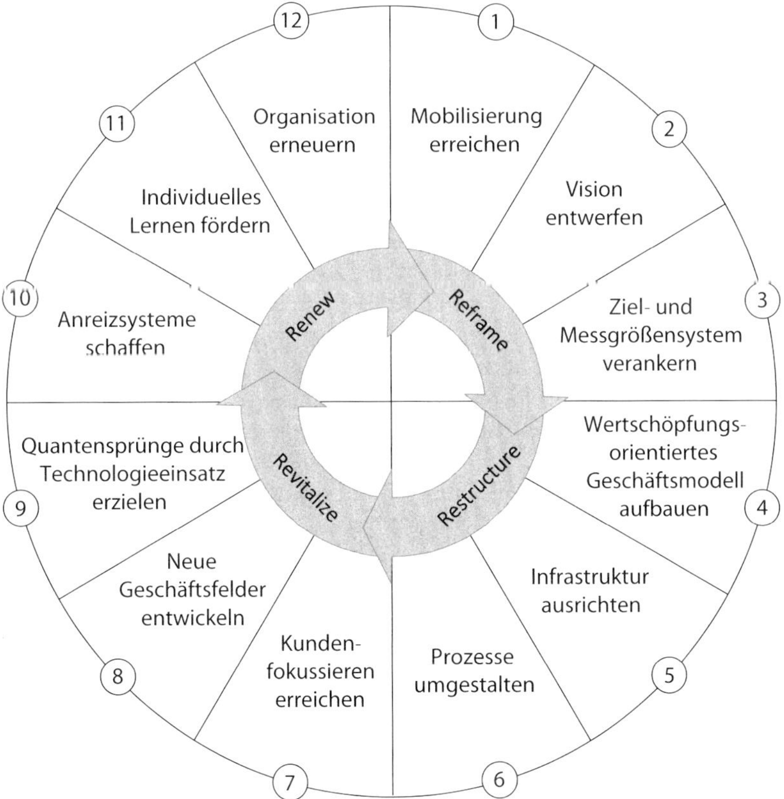

Abb. 19: Subsysteme der 4R-Dimensionen (Quelle: In Anlehnung an Gouillart/Kelly (1995), S. 24)

Knowing-Doing-Gap

Der Begriff *Knowing-Doing-Gap* entstammt dem angelsächsischen Raum und bezeichnet die Kompetenz und Stärke von Unternehmen, ihre Absichten und Pläne auch in die Tat umzusetzen. Die Lücke (Gap) entsteht vornehmlich aus der Situation, dass Führungskräfte über konkretes Wissen über das verfügen, was getan werden muss, aber dieses Wissen ignorieren und teilweise sogar widersprüchlich agieren (vgl. Pfeffer/Sutton (2000), S. 2). Pfeffer und Sutton (1999) nennen dieses Phänomen »Performance Paradox« (Pfeffer/Sutton (1999), S. 94). Die Kluft zwischen dem Wissen und den tatsächlichen Aktionen führen sie auf fünf wesentliche Ursachen zurück (vgl. Pfeffer/Sutton (2000)):

- Es werden eher Worte gewechselt statt konkrete Handlungen vollzogen,
- es wird an alten Mustern festgehalten ohne diese zu reflektieren,
- die Angst vor Fehlern verhindert wissensgestütztes Handeln,
- Messergebnisse sind wertiger als ein gutes Urteilsvermögen,
- interner Wettbewerb hemmt das Lernen und die Kreativität und macht darüber hinaus Freunde zu Feinden.

Nach Rasche (2005, 2007) müssen zur Erzielung eines adäquaten Reformergebnisses sowohl unternehmensinterne als auch -externe Variablen ins Kalkül gezogen und miteinander harmonisiert werden. Auf der Unternehmensseite sind gleichermaßen das Reformwissen, das Reformwollen und das Reformkönnen essentiell. Diese Triade geht im Wesentlichen auf das 3W-Modell der strategischen Erneuerung von Krüger (2014) zurück. Das *Reformwissen* umfasst unter anderem die Problemerkennung, -analyse und Problemlösungstechniken sowie die Suche nach Alternativen und deren Bewertung. Das *Reformwollen* beinhaltet die Problemeinsicht, die Akzeptanz von Lösungen und die Beseitigung von Barrieren. Darüber hinaus bedarf es bei dieser Variable der Information und Aufklärung sowie einer emotionalen Beteiligung. Der Bereich *Reformkönnen* umfasst vor allem die Fähigkeit, Veränderungen erfolgreich durchzuführen. In diesem Zusammenhang ist die Formulierung von konsistenten Reformzielen sowie der sichere Umgang mit geeigneten Instrumenten, wie beispielsweise der Balance Scorecard, Erfahrungen im Projektmanagement, Controlling und Auditing sowie in der Verhaltenssteuerung von Belang. Auf der Umweltseite sind es vornehmlich die Rahmenbedingungen der Makroumwelt und der Mikroumwelt die einen Einfluss auf das Reformergebnis nehmen. Die *Makroumwelt* zeichnet sich vornehmlich durch ihre unidirektionale Einflussnahme auf Unternehmen aus. Dazu zählen unter anderem die politischen und rechtlichen Rahmenbedingungen, die ökologischen Voraussetzungen, die technologischen Entwicklungen sowie gesellschaftliche und wirtschaftliche Parameter. Die *Mikroumwelt* umfasst die unmittelbare wirtschaftliche Umgebung eines Unternehmens, wie beispielsweise die allgemeine Branchenstruktur, Märkte, Zulieferer, Wettbewerber und Konsumenten. Aus dem Zusammenspiel sämtlicher Variablen wird das Ausmaß der Veränderung (inkrementell/radikal) sowie der Inhalt (finanziell, organisational, strategisch) festgelegt und umgesetzt.

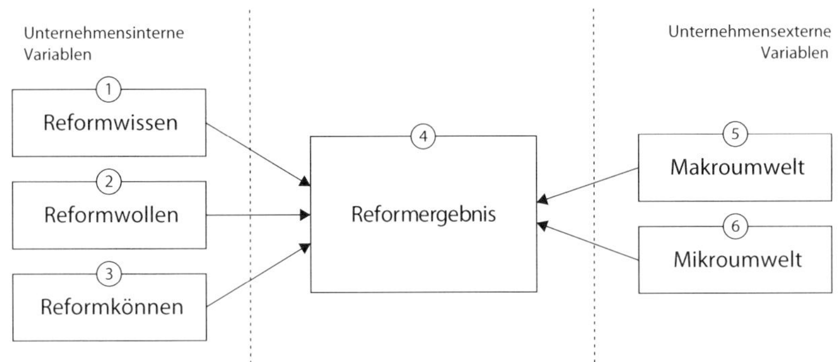

Abb. 20: Überwindung des Knowing-Doing-Gap

Veränderung im Fadenkreuz der Managementmethodik

Veränderungsvorhaben gehen zumeist mit einer strategischen Anpassung oder Neuausrichtung einher. Für die Entwicklung und Veränderung von Strategien ist ein systematisches Vorgehen essentiell, um einerseits möglichst alle relevanten Variablen für die Strategieformulierung zu erfassen und andererseits einen hohen Wirkungsgrad zu erreichen. Die nachfolgende Abbildung zeigt einen typischen Prozess zur Strategieentwicklung. Hier werden in den einzelnen Prozessphasen zudem Methoden und Instrumente aufgezeigt, die den Entwicklungsprozess unterstützen.

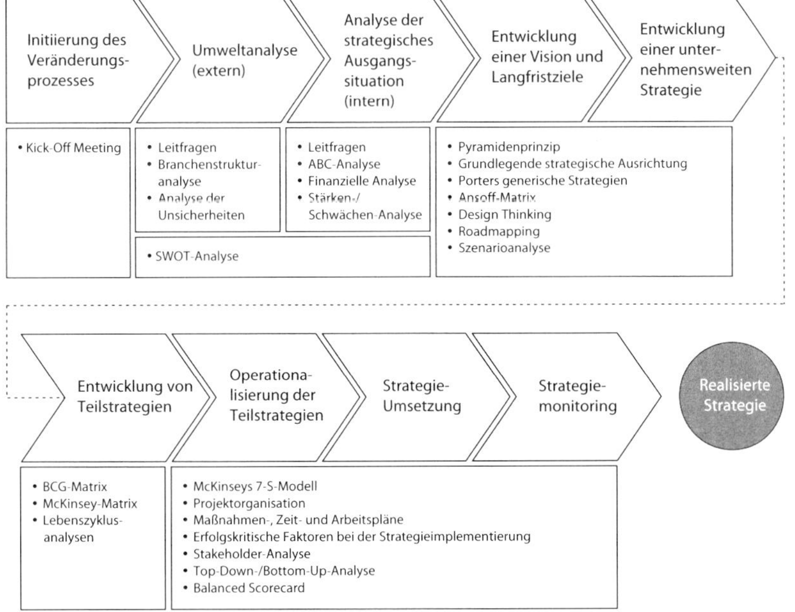

Abb. 21: Zuordnung der Managementmethode im Strategieentwicklungsprozess

KONTROLLFRAGEN zum ersten Kapitel

1. Grenzen Sie die Organisationsentwicklung vom Konzept des Change Managements ab.

2. Nennen Sie die Bestandteile des 3W-Modells nach Krüger und erläutern Sie die Komponenten.

3. Welche Dimensionen bzw. Handlungsfelder umfasst das ganzheitliche Change Management?

4. Charakterisieren Sie die Grundmuster des organisationalen Wandels.

5. Was versteht man unter dem Begriff »Ausmaß« vor dem Hintergrund von Veränderungen? Differenzieren Sie die beiden wesentlichen Ausprägungen.

6. Benennen und erläutern Sie Objekte und Formen des Wandels. Rekurrieren Sie dabei auch auf den Schwierigkeitsgrad und gehen Sie in diesem Zusammenhang auf die heterochronizität organisationaler Maßnahmen ein.

7. Welche Aussagen können aus der Lambda-Hypothese im Change Management abgeleitet werden?

8. Beschreiben Sie das Drei-Phasen-Modell nach Lewin.

9. An welcher Stelle konnte Streich das Drei-Phasen-Modell erweitern und welche Phasen umfassen sein Modell?

10. Erläutern Sie das Acht-Stufen-Modell von Kotter.

11. Welche Komponenten umfasst das 4R-Modell der Business Transformation? Gehen Sie auf die einzelnen Dimensionen ein und charakterisieren Sie diese.

12. Was versteht man unter der Knowing-Doing-Gap? Erläutern Sie in diesem Zusammenhang Reformwissen, -wollen und -können.

13. Skizzieren Sie den Prozess der Strategieentwicklung und benennen Sie jeweils phasengerechte Managementmethoden.

2 Leistungsmobilisierung durch Change Management

Abb. 22: Übersicht zum zweiten Kapitel

2 Leistungsmobilisierung durch Change Management

2.1 Strategiepyramide im Zeichen des operativen Managements

Strategische Ausrichtung, finanzielle Zielsetzung, Umsetzungskonzepte, operative Planung und Kontrolle, Arbeitsablaufsteuerung und Risikomanagement

2.2 Portfolio-Reengineering

Wert- und Nutzenstiftung durch Portfoliomanagement

2.3 Archetypen und Formen der Restrukturierung

Portfoliorestrukturierung, organisationale Restrukturierung, finanzielle Restrukturierung, behavioristische Restrukturierung, Restrukturierung der Corporate Governance, Restrukturierungsformen

2.4 Change Management als strategische und operative Aufgabe

Strategische und operative Exzellenz

2.5 Balanced Scorecard im Change Management

Konzept, Kausalitätssystem, Managementsystem, Business Model Canvas

2.6 Performance Management und Veränderung

Wirksamkeit/Ausmaß und Reichweite von Veränderungsmaßnahmen

2.7 Konsolidierungs- und Wachstumsmanagement

Gestaltungsfelder, multiple Steuerungskonzepte, Wertsteigerungsmanagement, Turnaround-Studie, operative Sanierung, strategisches Wertmanagement, integratives Kostenmanagement, Restrukturierung und Neuausrichtung, Umsetzungstreiber, Wachstumsoffensiven, Six-Sigma-Offensiven

2.1 Strategiepyramide im Zeichen des operativen Managements

Wie bereits im vorangestellten Kapitel dargelegt, zielt das Change Management in letzter Konsequenz immer auf den Ausbau bzw. die Verteidigung von Wettbewerbsvorteilen. Eine wesentliche Quelle zur Erreichung dieses Ziels sind strategische und operative Leistungsreserven, die es zu mobilisieren gilt. Die Aktivitäten des Managements fanden in der Vergangenheit vor allem auf der operativen Ebene statt. Auf Basis administrativer Praktiken konzentrierte sich das Management vornehmlich ex-post auf umfassende Budgetkontrollen und die Feststellung von Zielabweichungen. Eine strategische Vorsteuerung – die Entwicklung, Planung und Umsetzung von richtungsweisenden und erfolgskritischen Handlungsmaximen im Sinne von Leitplanken für das operative Management – fand oftmals nicht statt. In den letzten Jahren ist in Managementkreisen die Prozesssteuerung bzw. das Prozessmanagement zur Analyse, Bewertung und Optimierung sowohl von internen Prozessen innerhalb von Abteilungen sowie zwischen den verschiedenen Departements eines Unternehmens als auch von externen Prozessen, die unternehmensübergreifenden vornehmlich die Auseinandersetzung mit vor- und nachgelagerten Prozessen fokussiert, immer mehr in den Vordergrund gerückt. Des Weiteren ist zu konstatieren, dass die alleinige Top-Down-Steuerung ausgehend vom oberen Management immer mehr einer Gegenstromplanung (Top-Down in Verbindung mit Bottom-Up) weicht, die ausdrücklich die nachrangigen Ebenen aktiv in den Umsetzungsprozess integriert. Hintergrund dieser Vorgehensweise ist vor allem das höhere Identifikationspotenzial der nachgelagerten Ebenen, die lediglich die globalen Unternehmensziele in Form von Leitplanken vorgegeben bekommen aber in der Formulierung und Ausgestaltung von Teilzielen frei agieren können. Diese dezentrale Form der Führung steht im Gegensatz zu der zentral-gesteuerten Bombenabwurfstrategie des Topmanagements, bei der sämtliche Entscheidungen an der Spitze des Unternehmens entworfen und den verschiedenen nachrangigen Ebenen aufoktroyiert werden. Bei der jeweiligen Strategieentwicklung sind vor allem zwei Steuerungsparadigmen zu unterscheiden: die Inside-Out-Steuerung, bei der insbesondere die unternehmensinternen Rahmenbedingungen, Ressourcen und Kompetenzen strategieleitend sind, und die Outside-In-Steuerung, die unternehmensexterne Variablen, wie beispielsweise die Wünsche, Bedürfnisse und Erwartungen der Stakeholder an das Unternehmen sowie strukturelle Rahmenbedingungen und Besonderheiten der Branche bei der Strategieformulierung einfließen lässt.

Abb. 23: Dominanz des operativen Managements

Strategische Ausrichtung

Die Entwicklung strategischer Implikationen erfolgt zunächst auf Basis der unternehmensweiten Leitbilder, Normen und Prinzipien, die gemäß dem St. Galler Managementkonzept auf der normativen Managementebene verortet sind. Diese Ebene umfasst vornehmlich unternehmenspolitische Aspekte und Grundsatzthemen unter anderem hinsichtlich sozialer, wirtschaftlicher und rechtlicher Fragestellungen und ist richtungsweisend für die Strategieentwicklung und Operationalisierung in spezifischen Kennziffern (vgl. Bleicher (2011), S. 87ff.).

Finanzielle Zielsetzung

Insbesondere für börsennotierte Unternehmen ist der *Shareholder-Value (SHV)*, der auf der Kapitalwertmethode basiert, eine zentrale Größe. Dieser stellt den Gewinn eines Unternehmens als Bezugsgröße für den Erfolg in Frage und argumentiert aus der Perspektive der Anteilseigener bzw. Aktionäre (Shareholder). Rappaport (1986) entwickelte dieses Konzept vornehmlich aus der Kritik, dass Topmanager ihre umfangreichen Machtressourcen für ihre eigene Nutzenfunktion missbrauchen. Im Wesentlichen zielen sämtliche Aktivitäten beim Shareholder-Value auf die Maximierung des Unternehmenswertes respektive die Kurswerterhöhung der Aktien und der damit verbundenen Wertsteigerung des Eigenkapitals ab. Im Mittelpunkt dieses Konzeptes steht der Aktionär, dessen Vermögen durch geschäftsstrategische Renditemaximierungsinitiativen vergrößert werden soll. Der Shareholder-Value-Logik folgend, sollen sämtliche Geschäftseinheiten ausgelagert, verkauft oder eliminiert werden, deren Rendite unterhalb der durchschnittlichen Kapitalkosten liegen (vgl. Macharzina/Wolf (2010), S. 209, 227ff.; Perridon/Steiner (2002), S. 15f.; Rappaport (1986), S. 3ff.).

Der *Economic Value Added (EVA)* greift den Shareholder-Value-Gedanken auf und zeigt aus der Rentabilitätsperspektive den Beitrag von Investitionen oder Geschäftsfelder zur Steigerung des Unternehmenswertes. Diese Maßgröße ist insbesondere zur Leistungsmessung eines Unternehmens geeignet, wobei die jeweiligen Beiträge der Manager und Mitarbeiter transparent dargestellt werden und sich dadurch die Interessen dieser beiden Gruppen an die der Anteilseigner annähern. Auch hier wird der erzielte Gewinn nicht für die Bewertung der Unternehmenswertsteigerung herangezogen. Werte entstehen analog zum Shareholder-Value entsprechend dann, wenn die Rentabilität höher ist als die Kapitalkosten (vgl. Brealey/Myers (2000), S. 326ff.; Ehrbar (1998); Perridon/Steiner (2002), S. 16; Stern et al. (1995)).

Der *Return on Capital Employed (RoCE)* bezieht sich auf die Rentabilität des eingesetzten Kapitals. Im Kern ähnelt dieses Konzept dem Return on Investment, zieht jedoch nicht das Gesamtkapital als Bezugsgröße heran, sondern bezieht sich ausschließlich auf langfristige Kapitalstrukturen – ohne kurzfristiges Fremdkapital oder liquide Mittel. Es handelt sich hierbei um ein weiterentwickeltes Konzept der Gesamtkapitalrentabilität und misst die Effizienz und Profitabilität des eingesetzten Kapitals (vgl. Whiting (1986), S. 214ff.).

Umsetzungskonzepte

Erfolgsfaktoren bezeichnen bestimmte Schlüsseldeterminanten, die maßgeblich über den langfristigen unternehmerischen Erfolg oder, bei einem Nichtvorliegen, auch Misserfolg eines Unternehmens entscheiden. Dabei sind es gemäß der Erfolgsfaktorenforschung nur wenige Variablen die das Potenzial haben den Erfolg oder Misserfolg von Unternehmen entscheidend zu beeinflussen. Die Identifikation strategischer Erfolgsfaktoren kann entweder direkt über Expertenbefragungen zu den erfolgsbeeinflussenden Variablen realisiert oder indirekt via statistischer Verfahren bzw. gedanklicher Analyse ermittelt werden (vgl. Haenecke (2003), S. 13ff.).

Die *Key Performance Indicators (KPI)* sind Schlüsselkennzahlen zur unternehmerischen Leistung und ermöglichen unter anderem Fortschrittsanalysen oder die Ermittlung des Zielerreichungsgrades. Aufgrund dieser Leistungskennzahlen können Kontrollen realisiert, Bewertungen durchgeführt und Maßnahmen abgeleitet werden. Darüber hinaus können entsprechend des interessierenden Analysegegenstands das ganze Unternehmen, verschiedene Abteilungen, einzelne Einheiten, Funktionsbereiche, Projekte oder Prozesse mit Kennzahlen unterlegt werden, die wiederum nach der eingenommenen Perspektive (Kunden, Finanzen, Anlagen usw.) unterschiedliche Schwerpunkte und Ausprägungen aufweisen können (vgl. Gutmann/Schneider (2014), S. 82f.).

Die von Kaplan und Norton (1996) entwickelte *Balanced Scorecard* ist ein multidimensionales Kennzahlen-, Führungs- und Managementsystem, das sich vor allem durch einen erweiterten Perspektivenraum und den direkten Bezug zum normativen und strategischen Management auszeichnet. Die Balance Scorecard umfasst originär vier Perspektiven, die finanzielle Perspektive, die Kundenperspektive, die interne Prozessperspektive sowie die Mitarbeiter- bzw. Lern- und Wachstumsperspektive. Sie zielt auf eine Ausgewogenheit zwischen den verschiedenen Perspektiven und vereint monetäre und nicht-monetäre Kennzahlen, lang- und kurzfristige Ziele sowie zukunfts- und vergangenheitsorientierte Schlüsselkennzahlen. Darüber hinaus ist festzuhalten, dass alle Perspektiven in einem Ursache-Wirkungs-Zusammenhang zueinander stehen. Diese Kausalität wird im Allgemeinen durch eine Strategie Map visualisiert. Es kann konstatiert werden, dass die Balanced Scorecard – unter besonderer Berücksichtigung des Menschen und im Hinblick auf die fixierten normativen und strategischen Aspekte – auf eine strategieorientierte, transparente und ganzheitliche Unternehmenssteuerung abzielt (vgl. Kaplan/Norton (1996), S. 75ff.; Thommen/Achleitner (2009), S. 1042; Macharzina/Wolf (2010), S. 221f.).

Anreizsysteme bezeichnen die »Summe aller bewusst gestalteten Arbeitsbedingungen, die bestimmte Verhaltensweisen (durch positive Anreize, Belohnung etc.) verstärken, die Wahrscheinlichkeit des Auftretens anderer dagegen mindern (negative Anreize, Sanktionen)« (Wild (1973), S. 47). Anreizsysteme zielen demnach auf die direkte oder indirekte Verhaltensbeeinflussung der Mitarbeiter hinsichtlich der Stabilisierung oder Steigerung der Arbeitsleistung. Die bewusste Ausgestaltung der Arbeitsbedingungen kann unter anderem materielle oder immaterielle Anreizobjekte umfassen sowie extrinsische oder intrinsische Motivlagen berühren. Des Weiteren können Anreizsysteme gleichermaßen auf die Individual-, Gruppen oder Unternehmensebene abzielen (vgl. Gmür (2010), S. 24ff.; Bea/Haas (2016), S. 547f.).

Operative Planung und Kontrolle

Auf der dominanten operativen Ebene des Managements sind – wie oben angeführt – insbesondere drei Aktivitäten zu verzeichnen: die Budgetkontrolle, die Feststellung von Zielabweichungen sowie die Analyse von Prozessindikatoren. Bei der *Budgetkontrolle* werden im Rahmen einer Abweichungsanalyse zuvor festgelegte monetäre Sollgrößen mit den tatsächlichen Ist-Werten verglichen und im Falle einer Differenz entsprechende Maßnahmen abgeleitet. Die *Feststellung von Zielabweichungen* erfolgt im Wesentlichen analog zur Budgetkontrolle, bezieht sich jedoch nicht auf rein monetäre Aspekte. Die hier veranschlagten Ziele können sowohl quantitativer als auch qualitativer Natur sein, wobei die jeweiligen Zielerreichungsgrade maßgeblich für die Analyse des Ist- und Sollzustands sind. Bei einer Differenz können beispielsweise Ziele neu angepasst, verworfen, entwickelt oder gegebenenfalls beibehalten werden. Im Rahmen der Analyse von *Prozessindikatoren* werden im Spannungsfeld zwischen Zeit, Qualität und Kosten Prozessleistungen und -ergebnisse untersucht. Prozessindikatoren haben mehrere Funktionen. Sie dienen beispielsweise der Kommunikation von Zielen, gelten als Basis für Verbesserungen und sind Grundlage für ein leistungsbezogenes Anreizsystem. Schmelzer und Sesselmann (2013) unterscheiden hier zwischen Potenzial-, Struktur- und Leistungskennzahlen. Potenzialkennzahlen beziehen sich auf die grundsätzliche Fähigkeit eines Unternehmens auf (Geschäfts-)Prozesseben Effektivitäts- und Effizienzziele zu erreichen. Anhand von Strukturkennzahlen können vor allem Stärken und Schwächen der Prozessstruktur, des Prozessablaufs oder im Bereich der Leistungsmengen identifiziert werden. Prozessleistungskennzahlen geben Hinweise auf die aktuelle Leistungsfähigkeit von Prozessen sowie eventuelle Leistungslücken und -trends. Aufgrund der ermittelten Kennzahlen können letztendlich Maßnahmen abgeleitet werden (vgl. Macharzina/Wolf (2010), S. 417; Perridon/Steiner (2002), S. 618f.; Schmelzer/Sesselmann (2013), S. 294f.; Thommen/Achleitner (2009), S. 593).

Arbeitsablaufsteuerung und Risikomanagement

Die *Risikoanalyse* dient vornehmlich der Identifikation und Bewertung von internen und externen Unternehmensrisiken. Sie ist integraler Bestandteil bei der Entwicklung eines unternehmerischen Risikoprofils und darüber hinaus eine Methode der unternehmerischen Entscheidungsfindung. Vor diesem Hintergrund werden mögliche Risikofaktoren ermittelt und hinsichtlich sowohl des allgemeinen Gefährdungspotenzials als auch der konkreten Einflussnahme, Bedeutsamkeit und Eintrittswahrscheinlichkeit untersucht. Die Risikoanalyse wird insbesondere im Rahmen der Rentabilitätsrechnung als Grundlage für Investitionsentscheidungen herangezogen (vgl. Macharzina/Wolf (2010), S. 860; Perridon/Steiner (2002), S. 121ff.; Thommen/Achleitner (2009), S. 1092ff.).

Das *Operations Management* umfasst in Anlehnung an das Produktionsmanagement vor allem Koordinationsaufgaben hinsichtlich der in der betrieblichen Leistungserstellung verorteten Aktivitäten. In diesem Zusammenhang werden verschiedene Produktionsfaktoren (Input) im Bereich der Leistungserstellung kombiniert bzw. transformiert (Throughput) und im Ergebnis Produkte oder Dienstleistungen erzeugt (Output). Das Operations Management beinhaltet die effiziente und effektive Steuerung der Arbeitsabläufe und Ressourcenallokation (vgl. Neumann (1996), S. 1ff.; Slack et al. (2010), S. 4; Thonemann (2010), S. 18f.).

2.2 Portfolio-Reengineering

Wert- und Nutzenstiftung durch Portfoliomanagement

Im Rahmen der Mobilisierung von Leistungsreserven ist es Maxime des Change Managements, defizitäre Ist-Zustände in zielführende Soll-Zustände zu überführen. Vor diesem Hintergrund ist das Portfoliomanagement – insbesondere im Hinblick auf die Renditeinteressen der Shareholder – ein wichtiger Ansatzpunkt zur Optimierung und damit zur Nutzen- und Wertsteigerung des gesamten Unternehmens. In diesem

Zusammenhang zielt das Portfoliomanagement vor allem auf unternehmensbezogene Sicherungs- und Wachstumsgesichtspunkte sowie auf die Gewährleistung der Gesamtrentabilität. Ein Portfolio besteht grundsätzlich aus voneinander abgrenzbaren Unternehmensteilen, die sogenannten strategischen Geschäftsfelder, die sich vor allem durch spezifische Produkt/Markt-Kombinationen sowie separierte Strategien, Aktivitäten und Ressourcen auszeichnen. Diese strategischen Geschäftsfelder müssen zur Trennscharfen Abgrenzung der übrigen Betätigungsfelder des Unternehmens wohldefiniert sein. Im Rahmen einer Portfolioanalyse können die einzelnen strategischen Geschäftsfelder vor dem Hintergrund der Markt- und Unternehmenssituation positioniert werden. Entsprechend dem Erkenntnisinteresse können die strategische Geschäftsfelder entweder in absatzorientierte oder ressourcenorientierte Portfolios überführt werden. Absatzorientierte Portfolios, wie beispielsweise das Marktwachstum/Marktanteil-Portfolio oder das Marktattraktivität/Wettbewerbsvorteil-Portfolio, zielen auf Produkte und Absatzmärkte, während aus den ressourcenorientierten Portfolios, wie zum Beispiel dem Geschäftsfeld/Ressourcen-Portfolio oder dem Technologie-Portfolio, Empfehlungen bezüglich dem Einsatz und Umgang von Ressourcen abgeleitet werden können (vgl. Bea/Haas (2016), S. 154ff.).

Abb. 24: Portfolio-Reengineering

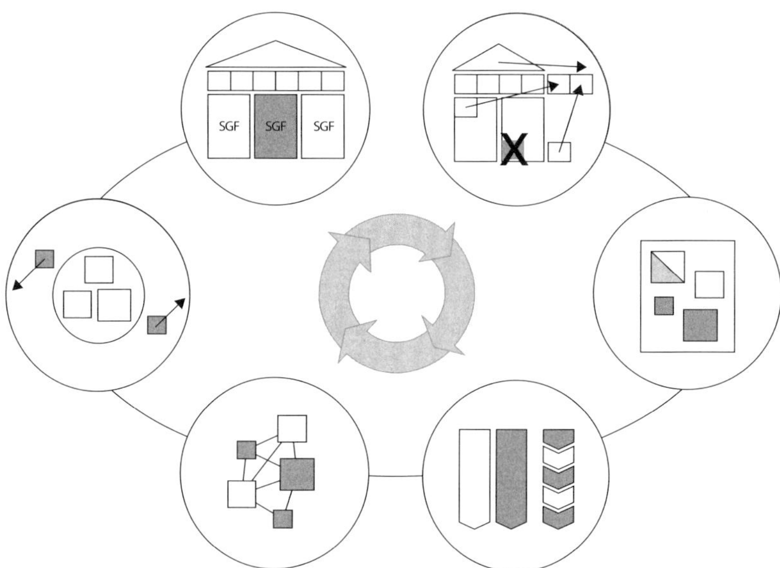

Im Zuge einer intensiven Auseinandersetzung mit den strategischen Geschäftsfeldern können Unternehmen zu dem Ergebnis kommen, dass die aktuelle Geschäftsfeldorganisation nicht mehr zielführend ist und in der Konsequenz einzelne Geschäftsfelder ausbauen, kaufen, verschmelzen, verkaufen oder auf eine Spitzenposition heben. Die jeweiligen Verfahrensweisen bezüglich der strategischen Geschäftsfelder sowie die Ausgestaltung des Unternehmensportfolios ist stets auf die globale Unternehmensstrategie zurückzuführen und spiegeln diese vice versa. Es ist zu konstatieren, dass Veränderungen im Portfolio eines Unternehmens zu einem hohen Bedarf an Aktivitäten im Bereich des Change Managements führen. Vor dem Hintergrund wertsteigernder Veränderungsvorhaben müssen im Kontext des aktuellen Unternehmens zuvor essentielle Fragen beantwortet werden:

- *Was sind die Kernbereiche des Unternehmens?* Diese Frage zielt vornehmlich auf die originären Fähigkeiten und Kompetenzbereiche des Unternehmens und fokussiert unter anderem Wertschöpfungsbeiträge und Alleinstellungsmerkmale zur Abgrenzung von der Konkurrenz. Daraus lassen sich letztendlich auch Wettbewerbsvorteile ableiten.
- *Welche Kooperationen unterhält das Unternehmen?* Nicht immer müssen Kompetenzen zwangsläufig im Unternehmen vorhanden sein. Teilweise reicht der Zugang zu diesen Ressourcen über Kooperationen, wie beispielsweise strategische Allianzen mit und ohne Kapitalbeteiligung. Diese Frage bezieht sich daher auf unternehmerische Konsolidierungstendenzen.
- *Was sind Gründe für eine Auslagerung von Unternehmensaktivitäten?* Diese Frage fußt vornehmlich auf Entlastungs-, Risiko- und Kostenerwägungen. Dabei ist jedoch zu beachten, dass durch Outsourcing unter anderem auch überdauernde Bindungen und Abhängigkeiten geschaffen, praktikables Unternehmenswissen reduziert und Flexibilisierungspotenziale minimiert werden.
- *Was können neue Geschäftsbereiche neben der aktuellen Wertschöpfungskette sein?* Diese Frage zielt auf die Möglichkeiten des Business Development als Handlungsmaxime für die nachhaltige Sicherstellung der Unternehmenspositionierung am Markt insbesondere durch die Identifizierung, Entwicklung und Erschließung neuer Geschäftsfelder.
- Wie lassen sich arrivierte Geschäftsbereiche verjüngen, veredeln und verschlanken? Hiermit ist die Metamorphose etablierter Cash Cows gemeint, die längerfristig zu Poor Dogs zu werden drohen. Im günstigsten Fall wird durch ein vorsteuerndes Transformationsmanagement ein gleitend-evolutorischer Veränderungsprozess angestoßen, so dass »Betroffene« zu »Beteiligten« werden.

Vor dem Hintergrund dieser Fragestellungen zu konstituierenden Grundsatzentscheidungen in Unternehmen, ist eine Überprüfung der aktuellen Portfolio-Logik notwendig. Es stellt sich die Frage, ob nach den getroffenen Entscheidungen die bisherige Portfolioorganisation hinsichtlich der Ausgestaltung der strategischen Geschäftsfelder, die Bedeutungsbeimessung bzw. Priorisierung oder auch die Ressourcenallokation noch angemessen ist. Je nach Intensität der Veränderungen ist die Entwicklung eines neuen Portfolios erforderlich, das die strategischen Geschäftsfelder auf der einen Seite hinsichtlich qualitativer und quantitativer Merkmale voneinander abgrenzt aber auch auf der anderen Seite die

Ausgewogenheit der strategischen Geschäftsfelder zueinander im gesamten Unternehmenskontext visualisiert und in diesem Zusammenhang die Unternehmensstrategie abbildet. Grundsätzlich ist zu konstatieren, dass diese Art von Change Management auch immer die Veränderung machtpolitischer Organisation nach sich zieht. Das bedeutet oftmals, dass zuvor hervorragend ausgestattete Geschäftsfelder aufgrund der neuen Bewertung und Positionierung im Portfolio unter anderem hinsichtlich der Ressourcenverteilung zurückgestellt werden, während andere oder neue Geschäftsfelder eine Spitzenposition im Unternehmen einnehmen. In letzter Konsequenz bedeutet dies eine Aufwertung bzw. Abwertung von Positionen. Aus diesem Grund ist auch immer die parallele Veränderung des Mind-Sets der Mitarbeiter essentiell (vgl. weiterführend Rasche (2005, 2007); Rasche/Schmidt-Gothan (2018)).

2.3 Archetypen und Formen der Restrukturierung

Das Change Management bezieht sich regelmäßig auf die Restrukturierung von Unternehmen oder Unternehmensteilen. Hier können vier Arten unterschieden werden: die Portfoliorestrukturierung sowie die organisationale, finanzielle- und behavioristische Restrukturierung.

Abb. 25: Archetypen der Restrukturierung (Quelle: In Anlehnung an Rasche (2005a), S. 335)

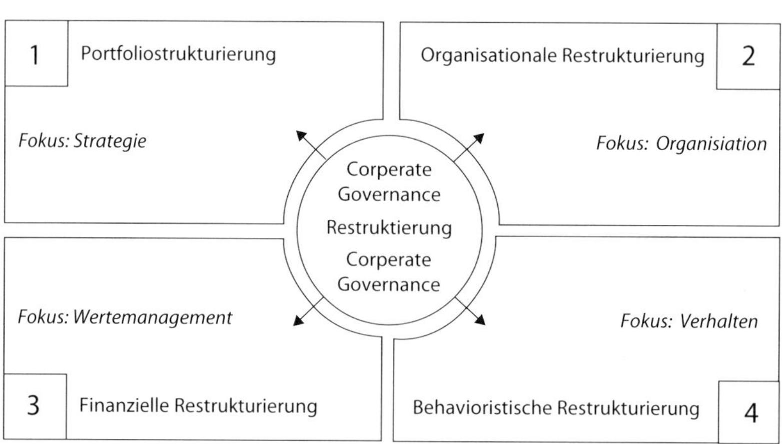

Portfoliorestrukturierung

Im Rahmen der Portfoliorestrukturierung liegt der Fokus vor allem auf strategischen Aspekten. An dieser Stelle wird, ausgehend von einer umfassenden Analyse der Märkte und Branchen sowie der Leistungserstellung auf Basis von Wachstums-, Risiko- und Renditegesichtspunkten, die aktuelle Situation bezüglich der strategischen Positionierung hinterfragt. Auf dieser Grundlage werden die strategischen Geschäftsfelder neu bewertet und unter Wertsteigerungsgesichtspunkten gegebenenfalls optimiert. Der Fokus liegt in diesem Zusammenhang auf den Kerngeschäftsfeldern, die im Ergebnis eliminiert, ausgelagert, konsolidiert oder saniert werden sowie systematisch um attraktive Geschäftsfelder, durch Business Development, erweitert werden können. In jedem Fall wird eine konsequente Steuerung der strategischen Geschäftsfelder implementiert, die sich gleichermaßen an Finanz-, Leistungs- und Marktzielen orientiert (vgl. Rasche (2005a), S. 336f.).

Organisationale Restrukturierung

Aus einer umfangreichen Portfoliorestrukturierung ergibt sich ein hoher organisationaler Restrukturierungsbedarf. Diese Restrukturierungsebene konzentriert sich auf die Organisation respektive die Aufbau- und Ablauforganisation sowie die Komposition der jeweiligen Strukturen, Prozesse und Strategien im Kontext von unternehmensexternen Umweltfaktoren. Die operative Arbeit der organisationalen Restrukturierung orientiert sich, im Sinne des structure-follows-strategy-Konzeptes, an der zuvor festgelegten Strategie und umfasst vor allem die Optimierung und Neudefinition von Systemen, soziotechnischen Infrastrukturen und Schnittstellen, wobei in diesem Zusammenhang auch unterschiedliche Kulturprägungen und räume unter anderem vor dem Hintergrund intensiver Konsolidierungsmaßnahmen oder verlustbehafteten Eliminierungen von Unternehmensteilen zu berücksichtigen und zu harmonisieren sind. Der organisationale Umbau hat darüber hinaus auch einen großen Einfluss auf bestehende Machtverhältnisse in Bezug auf hierarchische Positionen, Ressourcenallokationen und der Bedeutsamkeit einzelner Einheiten oder ganzer Geschäftsbereiche, die im Zusammenhang mit der Restrukturierung verschoben werden (vgl. Rasche (2005a), S. 337).

Finanzielle Restrukturierung

Die finanzielle Restrukturierung zielt auf komparative Konkurrenzvorteile im Bereich der Risiko-/Renditeäquivalenz sowohl des Fremd- als auch des Eigenkapitals. Unternehmen sind in diesem Zusammenhang bestrebt, sowohl vorteilhaftere Möglichkeiten der Kapitalbeschaffung zu akquirieren und auszuschöpfen als auch etwaige Kapitalrisiken zu optimieren bzw. zu minimieren. So können beispielsweise auf Grundlage einer Triple-A Bonitätsbewertung günstigere Finanzierungskonditionen generiert oder aufgrund niedriger Kapitalkosten zusätzliche Ertragspotenziale durch eine entsprechende Angebotspolitik auf den Absatzmärkten gehoben werden. In das Ressort der finanziellen Restrukturierung fallen vor allem Themen der Wertschaffung und -absicherung sowie der Risikobewertung. Darüber hinaus gilt es finanzielle Spielräume, beispielsweise im Bereich der Finanzierung, zu schaffen. Das kann zum Beispiel über die Innenfinanzierung durch Gesellschaftereinlagen, Rückstellungen oder Ausgründungen realisiert oder im Bereich der Außenfinanzierung mittels Einnahmen durch Rechnungen, Aufnahme von Krediten oder Einwerbung von Mitteln bzw. Spenden ermöglicht werden. Dabei ist zu konstatieren, dass die Möglichkeiten der Finanzierung auch im Besonderen von der gewählten Rechtsform des Unternehmens abhängig sind. So sind beispielsweise Offene Handelsgesellschaften oder Personengesellschaften aufgrund der Haftungsbedingungen für externe Kapitalgeber kaum attraktiv. Die finanzielle Restrukturierungsebene fokussiert erstens, die Optimierung der Liquidität, der Kapitalstruktur, des Ratings und Risikos, zweitens, die Erschließung und Absicherung von Kapital- und Finanzierungsquellen sowie drittens, die Entwicklung von neuartigen Finanzierungsstrategien und -instrumenten (vgl. Rasche (2005a), S. 339).

Behavioristische Restrukturierung

Die behavioristische Restrukturierung als weiche Form der Restrukturierung konzentriert sich auf sozialpsychologische Aspekte respektive die Veränderung des Mind-Sets und des Verhaltens der betroffenen Mitarbeiter im Zusammenhang mit den oben genannten harten Restrukturierungsformen. Sie bildet damit einen Querschnitt zu den übrigen drei Archetypen und füllt deren sozialpsychologische Lücke. Wie bereits im ersten Kapitel dargestellt ist die Notwendigkeit der Einbeziehung von Betroffenen in den Restrukturierungsprozess zur Vermeidung bzw. Verminderung von Widerständen unbestritten. Darüber hinaus können bei Nichtbeachtung dieser Maxime dem gesamten Unternehmen dauerhafte Nachteile entstehen. Im Innenverhältnis kann es so beispielsweise zu einem irreparablen Vertrauensbruch zwischen Mitarbeitern und Management kommen und im Außenverhältnis zu einem immens großen Imageschaden des Unternehmens führen. Zwar können auf Grundlage einer akuten Überlebens- bzw. Bestandssicherung von Unternehmen Ad-hoc-Restrukturierungen durch Top-down-Strategien erforderlich sein; jedoch sind auch in diesem Fall die Mitarbeiter – auf Grundlage empathischer Auseinandersetzungen – einzubeziehen. Im Rahmen der Verhaltenssteuerung werden Methoden angewendet, die auf Grundlage zwischenmenschlicher Beeinflussungen gewünschte Verhaltensweisen bei den Mitarbeitern hervorrufen sollen (Social Engineering) sowie auf die Mitarbeiterbindung zielen. In diesem Zusammenhang kommen insbesondere die Konzepte der Manipulation, Motivation und Empowerment zum Einsatz (vgl. Rasche (2005a), S. 340f.).

Restrukturierung der Corporate Governance

Häufig zielen Restrukturierungen auch darauf ab, die Corporate Governance zu verändern. Diese umfasst nach Schmidt und Weiß (2003) die »Gesamtheit der Sachverhalte, der institutionellen Gegebenheiten und der Mechanismen, die bestimmen, wie in Unternehmen wichtige Entscheidungen getroffen werden und wie die Leitung und Kontrolle ausgeübt werden« (Schmidt/Weiß (2003), S. 110). Die Corporate Governance bildet demnach einen grundsätzlichen Ordnungsrahmen sowohl für die Leitung (Management) als auch für die Überwachung (Aufsichtsrat) von Unternehmen, in dem die Grundsätze der Unternehmensführung definiert sowie das Verhältnis zwischen den Organen geregelt wird. In diesem Zusammenhang sind zwei Prinzipien zu unterscheiden: die Selbstorganschaft, also die Personalunion von Eigentümer und Management, die oft in Personengesellschaften anzutreffen ist, und die Fremdorganschaft, die sich auch dem Aufsichtsrat und dem Management zusammensetzt (vgl. Rasche (2005a), S. 335).

Restrukturierungsformen

Wie bereits im ersten Kapitel dargestellt, können der inkrementelle bzw. evolutionäre und der radikale bzw. revolutionäre Wandel unterschieden werden. Stellt man der Intensität des Wandels nun sowohl eine proaktive als auch eine reaktive Perspektive gegenüber, können vier verschiedene Felder identifiziert werden, die jeweils eine Form der Restrukturierung skizziert. Die nachfolgende Grafik zeigt diese Felder als Produkt der Gegenüberstellung.

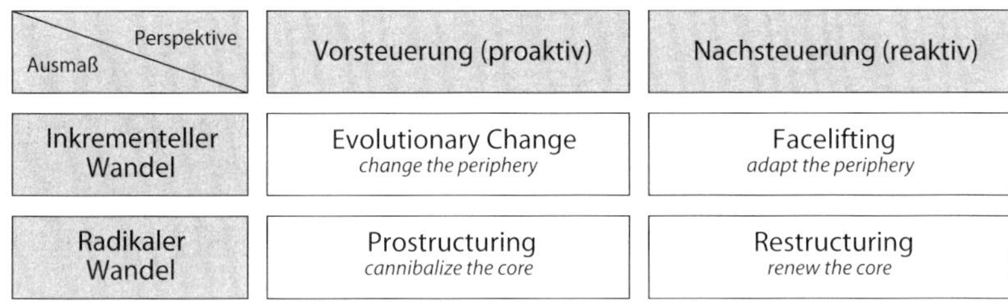

Abb. 26: Formen der Restrukturierung

Das Feld *Evolutionary Change* ist das Produkt aus Vorsteuerung (proaktiv) und inkrementellem Wandel. In diesem Bereich antizipieren Unternehmen zukünftige Trends und Entwicklungen und besinnen sich in diesem Zusammenhang auf ihre Kernkompetenzen. Gemäß der Losung keep the core, change the periphery bleibt das Unternehmen von tiefgreifenden Änderungen verschont. Stattdessen wird auf die Veränderungen der Umwelt im Sinne einer Bedarfsgenerierung gesetzt. Im Gegensatz dazu besitzen Unternehmen im Feld *Prostructuring*, das aus der Kombination der Vorsteuerung (proaktiv) und dem radikalen Wandel entsteht, die Bereitschaft, ihren strategischen Kern aufzugeben, um als Forerunner neue Pfade zu beschreiten. Diese Variante der Restrukturierung ist mitunter stark risikobehaftet. Das Feld *Facelifting* ist durch Nachsteuerung (reaktiv) und einen inkrementellen Wandel gekennzeichnet. Unternehmen, die sich in diesem Feld verorten, passen sich den aktuellen Märkten und Trends an und adaptieren in diesem Zusammenhang bereits Vorhandenes. Das Feld *Restructuring* ist das Produkt aus Nachsteuerung (reaktiv) und radikalem Wandel. Unternehmen in diesem Bereich stehen vor großen Herausforderungen, die den Bestand bzw. das Überleben bedrohen. Hier werden harte, robuste Maßnahmen zur Abwendung von beispielsweise einer Insolvenz notwendig. Dabei gilt die Regel: Je bedrohlicher die Krise, desto unverzüglicher sollten die erforderlichen Maßnahmen sein. McKinsey spricht in diesem Zusammenhang von sogenannten Härtegraden, deren Systematik von eins (höchster Härtegrad) bis sechs (niedrigster Härtegrad) reicht. Der höchste Härtegrad umfasst vor allem Maßnahmen, die unmittelbar ergebnis- bzw. liquiditätswirksam sind. Das können beispielsweise globale

Ausgabestopps, ein intensives Forderungsmanagement sowie das Eintreiben offener Rechnungen sein. Die niedrigeren Härtegrade implizieren eine gewisse Fristigkeit der Effekte, die mit der entsprechenden Maßnahme erreicht werden sollen. In diesem Zusammenhang sind beispielsweise sozialverträgliche Entlassungen von Mitarbeitern zu nennen (vgl. weiterführend Rasche/Schmidt-Gothan (2018)).

2.4 Change Management als strategische und operative Aufgabe

Porter (1985) formulierte und prägte das Prinzip der generischen Wettbewerbsstrategien, das zwei zentrale Aussagen umfasst: Erstens, können Unternehmen nur dann Wettbewerbsvorteile erzielen, wenn sie stringent einer strategischen Richtung – entweder der Kostenführerschaft, der Differenzierung oder der Fokussierung – folgen. Und zweitens, dass Unternehmen, die eine Strategie der Gleichzeitigkeit verfolgen, keine Wettbewerbsvorteile generieren können. Gilbert und Strebel (1987) proklamierten als Antwort auf Porters (1985) vornehmlich statische Wettbewerbsstrategien die Outpacing-Strategie, die unter der Annahme dynamischer Rahmenbedingungen von Unternehmen, ein hybrides Konzept darstellt. Unternehmen wird damit die Fähigkeit zugestanden, entsprechend der veränderlichen Wettbewerbssituationen, ihre erlangten Wettbewerbsvorteile durch Strategiewechsel nachhaltig zu sichern (vgl. Fleck (1995), S. 62ff.; Gilbert/Strebel (1987), S. 28ff.; Porter (1985), S. 12ff.).

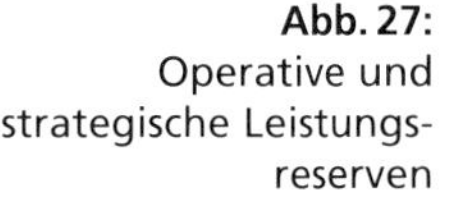
Abb. 27: Operative und strategische Leistungsreserven

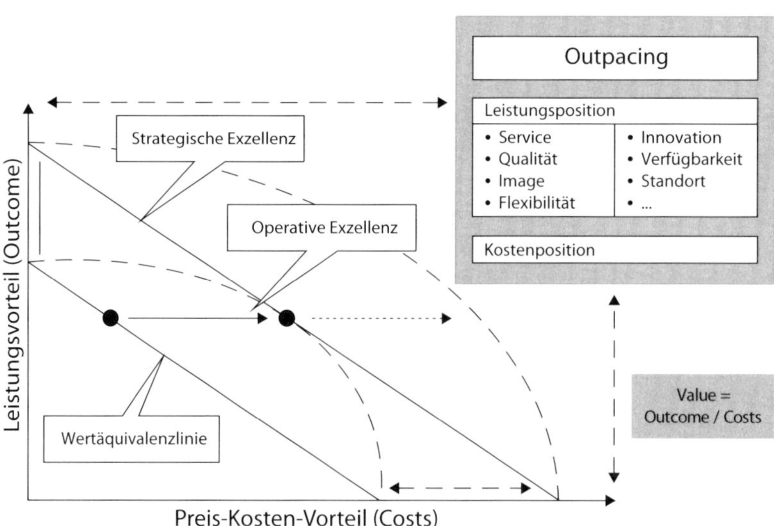

Das Change Management fokussiert, wie oben bereits beschrieben, die Mobilisierung von Leistungsreserven. Diese lassen sich in strategische und operative Leistungsreserven unterteilen. Die operative Leistungsreserve eines Unternehmens wird über die Konzepte des Kaizen sowie des kontinuierlichen Veränderungsprozesses aktiviert. *Kaizen* ist eine Managementphilosophie aus den 1950er Jahren, kommt aus dem Japanischen und bedeutet so viel wie *Veränderung zum Besseren*. Das Konzept steht für einen permanenten Verbesserungsprozess entlang der Wertschöpfungskette – inklusive der vor- und nachgelagerten Prozesse – von Unternehmen. Analog kann der *kontinuierliche Veränderungsprozess* eingeordnet werden. Es handelt sich dabei um sukzessive Verbesserungen, die auf die Stärkung der Wettbewerbsfähigkeit von Unternehmen abzielen (vgl. Bea/Haas (2016), S. 521). Hinter diesen inkrementellen Veränderungskonzepten verbirgt sich ein trade-off zwischen der gezeigten Leistung und der jeweiligen Kostenposition. Dieses Phänomen rekurriert auf die von Porter (1985) proklamierte Unvereinbarkeit von Kosten- und Qualitätsführerschaft. Viele Unternehmen verfügen über organisatorische Überschüsse bzw. Überkapazitäten. Zu diesen ungenutzten Leistungsreserven – die auch *organizational slacks* genannt werden – zählen beispielsweise Kommunikationslücken zwischen Mitarbeitern, mangelnde Auslastung von Arbeitsplätzen durch ungenügende oder fehlende Arbeitsplatzanalysen oder Fehlallokationen von Ressourcen. Im Japanischen spricht man in diesem Zusammenhang von *Muda*, was für eine sinnlose Tätigkeit oder Verschwendung bzw. das Nichtvorhandensein von Sinn oder Nutzen steht. Die Identifikation und Beseitigung dieser Missstände findet auf dem operativen Gebiet der inkrementellen Sanierung statt. Diese operative Ebene zeichnet sich durch eine gewisse Elastizität aus, die es Unternehmen ermöglicht, Leistungsreserven zu mobilisieren, die geeignet sind, das Unternehmen kurzfristig zu verbessern. Langfristig ist es jedoch nicht ratsam das operative System zu überspannen und das Unternehmen permanent auf 120% zu fahren, da die zu erwartenden Reibungsverluste den Nutzen leicht übersteigen können. Vor diesem Hintergrund haben strategische Leistungsreserven das Potenzial das Unternehmen durch Grundsatzentscheidungen auf eine neue Ebene zu heben und die operative Ebene in diesem Zusammenhang zu entlasten (vgl. weiterführend Rasche/Braun von Reinersdorff (2016); Braun von Reinersdorff/Rasche (2014)).

2.5 Balance Scorecard im Change Management

Konzept der Balanced Scorecard

Die Balanced Scorecard wurde von Kaplan und Norton (1992) in einem Forschungsprojekt mit zwölf Unternehmen entwickelt. Ausgangspunkt waren frühere Kennzahlensysteme, die sich vornehmlich durch ihre einseitige monetäre Fokussierung sowie durch ihre Vergangenheitsorientierung auszeichneten. Diese Kennzahlen aus einem vergangenen Zeitalter – so argumentieren Kaplan und Norton (1996b) – sind in diesen Zeiten kaum noch alleinig geeignet, um Unternehmen adäquat zu führen und die aktuellen Herausforderungen der nachhaltigen Wertschaffung durch Investitionen in Kunden, Lieferanten, Mitarbeiter, Prozesse, Technologie und Innovation zu bewältigen. In diesem Zusammenhang verknüpft die Balanced Scorecard vergangenheitsorientierte und zukunftsorientierte Kennzahlen. Die Ziele, Kennzahlen, Vorgaben und Maßnahmen leiten sich aus der Vision und Strategie des jeweiligen Unternehmens ab und gliedern sich in vier unternehmensbezogene Leistungsdimensionen: Finanzen, interne Geschäftsprozesse, Mitarbeiter und Wachstum sowie Kunden. Diese vier Perspektiven bilden den Rahmen für die Balanced Scorecard (vgl. Kaplan/Norton (1992), S. 71; Kaplan/Norton (1993), S. 134; Kaplan/Norton (1996b), S. 7f.).

Abb. 28: Balanced Scorecard (Quelle: In Anlehnung an Kaplan/Norton (1992), S. 72; Kaplan/Norton (1996a), S. 76)

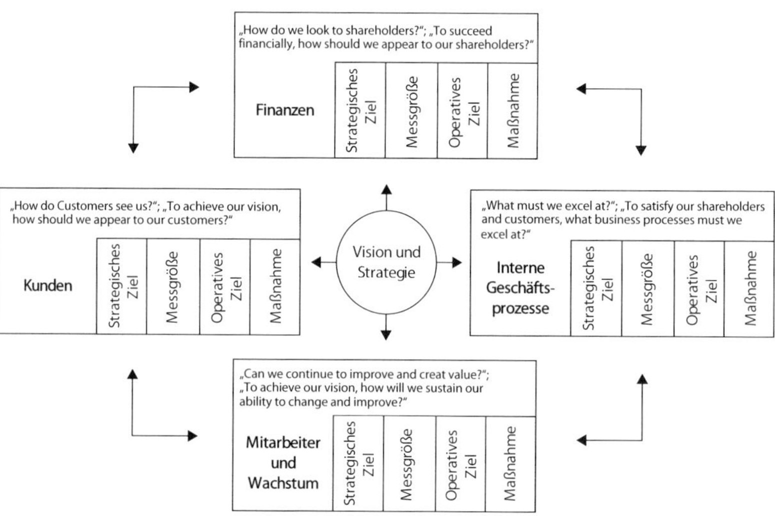

Die Balanced Scorecard erweitert die Ziele der einzelnen Geschäftsbereiche über die Zusammenfassung finanzieller Gesichtspunkte hinaus. Ihr Einsatz ermöglicht die Messung der Wertgenerierung einzelner Geschäftsbereiche für gegenwärtige und zukünftige Kunden und gibt Auskunft über interne Fähigkeiten sowie Verbesserungspotenziale hinsichtlich Investitionen in Menschen, Systeme und Verfahren zur nachhaltigen Leistungsoptimierung des Unternehmens. Darüber hinaus erfasst die Balanced Scorecard die kritischen Wertschöpfungsaktivitäten von qualifizierten und motivierten Mitarbeitern und identifiziert die Werttreiber für eine langfristig erfolgreiche Finanz- und Wettbewerbsleistung. Sie betont, dass finanzielle und nichtfinanzielle Kennzahlen integrativer Bestandteil des Informationssystems für Mitarbeiter allen Ebenen des Unternehmens sein müssen, damit sie die finanziellen Konsequenzen ihrer Entscheidungen und Handlungen verstehen und auch die Treiber des langfristigen Erfolgs identifizieren können. In diesem Zusammenhang ist zu konstatieren, dass die Ziele und Kennzahlen der Balanced Scorecard mehr als nur eine Sammlung von finanziellen und nichtfinanziellen Leistungsindikatoren ist. Sie leiten sich aus der Mission und Strategie des Geschäftsbereichs ab und übersetzt sie in konkrete Ziele und Kennzahlen. In diesem Zusammenhang ist festzuhalten, dass die Balance Scorecard keine allgemeine Schablone darstellt, die über alle Geschäftsbereiche oder sogar branchenweit in der gleichen Form angewendet werden kann. Vielmehr erfordern unterschiedliche Marktsituationen, Produktstrategien und Wettbewerbsbedingungen angepasste Scorecards. Die Geschäftsbereiche sind daher aufgefordert, vor dem Hintergrund ihrer Mission, Strategie, Technologie und Kultur, passende Balanced Scorecards zu entwerfen. Das *Balance* in Balanced Scorecard zielt auf die Ausgewogenheit bzw. das Gleichgewicht zwischen der externen und internen Ausgestaltung der Ziele und Kennzahlen. Des Weiteren sind die Kennzahlen sowohl hinsichtlich der aktuellen Ergebnisse und den auf die Zukunft gerichteten Vorgaben als auch zwischen den objektiv-quantifizierbaren und subjektiv-wahrgenommenen Leistungstreibern ausgeglichen. Diese Balance wird außerdem durch die gleichgewichtige Eigenschaft der verschiedenen Perspektiven zueinander deutlich. Außerdem stehen sie untereinander in einer Ursache-Wirkungs-Beziehung. Damit wird betont, dass die Kennzahlen nicht isoliert in einer Perspektive betrachtet werden können, sondern stets im Zusammenhang mit den Kennzahlen der anderen Perspektiven stehen. Für die Darstellung des Zusammenhangs zwischen den vier Perspektiven bedient man sich einer sogenannten Strategy Map. Diese zeigt außerdem, wie ein Unternehmen plant, seine spezifischen Vermögenswerte in ein bestimmtes Ergebnis zu transformieren (vgl. Kaplan/Norton (1993), S. 134f.; Kaplan/Norton (1996b), S. 8ff.; Kaplan/Norton (2000), S. 169).

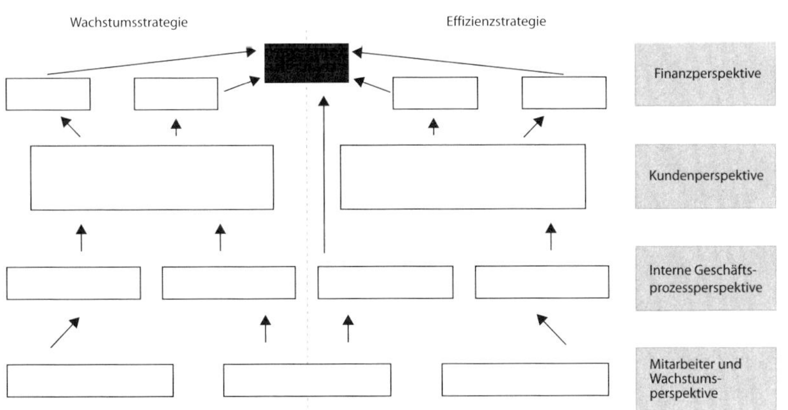

Abb. 29: Strategy Map auf Basis der Balanced Scorecard (Quelle: In Anlehnung an Kaplan/Norton (2000), S. 168)

Ursache-Wirkungs-Zusammenhang der Balanced Scorecard

Das Kausalitätssystem der Balanced Scorecard unterstützt außerdem die Ursachenanalyse von beispielsweise mangelndem Cash-Flow on Return on Investment (CFROI) und hilft bei der Identifikation möglicher Gründe, zum Beispiel die Erosion der Kernmärkte des Unternehmens durch demografisch-bedingtes Zielgruppensterben, die mangelnde Ausschöpfung von Leistungspotenzialen im Bereich der operativen Exzellenz oder die ineffiziente Ausnutzung von Aktivposten. Angesichts des Veränderungsvorhabens muss klargestellt werden, welches Vorgehen zur Erzielung einer verbesserten Ergebnissituation am erfolgversprechendsten ist. Im Allgemeinen können – analog des Ausmaßes des Wandels respektive des evolutionären und revolutionären Wandels – zwei Strömungen differenziert werden: die profitable Neuausrichtung (Fokus I) sowie die Effizienz und Effektivität (Fokus II). Am häufigsten liegt der Fokus auf einer verbesserten Ausreizung des Kerngeschäfts durch Maßnahmen, die auf eine Vereinfachung und Verschlankung existierender Systeme abzielt, die geeignet sind, um reguläre Fixkosten zu minimieren oder die auf eine weitere Ausnutzung von Effizienzquellen zielen (Fokus II). Wenn die Potenziale im Bereich der Steigerung der Effizienz und Effektivität ausgeschöpft sind, kommt zumeist die profitable Neuausrichtung zum Tragen (Fokus I). Im Bereich des strategischen Managements gibt es dazu zahlreiche Modelle, wie beispielsweise die Ansoff-Strategie (Marktpenetration, -entwicklung, Produktentwicklung und Diversifikation), um die Ergebnissituation zu verbessern. Die Vorsteuergrößen des finanziellen Misserfolgs liegen teilweise in der Tiefenstruktur des Unternehmens begründet. Auf Grundlage von Kunden-, Wettbewerbs- und Umfeldanalysen können Maßnahmen abgeleitet werden, die einerseits dazu beitragen, den Markt im Sinne des Unternehmens zu bereinigen, zum Beispiel durch den Aufkauf von Wettbewerbern, oder die andererseits geeignet sind, die Marktstellung zu verbessern und letztendlich bezüglich der Ausgestaltung der Erfolgsfaktoren im magischen Dreieck aus Zeit, Qualität und Kosten zu brillieren. Darüber hinaus gilt es – vor allem in der Wahrnehmung der (potenziellen) Kunden – ein Alleinstellungsmerkmal auf Basis eines optimierten Kosten- und Leistungsverhältnisses zu entwickeln.

Tab. 3: Kausalitätssystem der Balanced Scorecard am Beispiel einer Software-Division (Quelle: In Anlehnung an Kaufmann (1997), S. 423)

	Strategisches Ziel	**Messgröße**	**Ausprägung**
Finanzen	ROCE über dem Branchendurchschnitt	Return on Capital Employed (ROCE)	ROCE über 24%
	Schneller als der Markt wachsen	Umsatzwachstum	Wachstumsrate von über 13%
	Cash-Flow steigern	Discounted Free-Cash-Flow	Zuwachs von 15% pro Jahr

Tab. 3: Kausalitätssystem der Balanced Scorecard am Beispiel einer Software-Division (Quelle: In Anlehnung an Kaufmann (1997), S. 423) – Fortsetzung

	Strategisches Ziel	Messgröße	Ausprägung
Kunden	Innovator-Image	Umsatzanteil neuer Produkte	Anteil von Leistungen, die jünger als 2 Jahre sind, über 60%
	Preis-Leistungs-Verhältnis hervorragend	Kundenbewertung	Nummer eins bei mindestens 60% der Kunden
	Vorzugslieferant sein	Umsatzanteil durch Stammkunden	Anteil über 50%
Interne Geschäftsprozesse	Frühes Einwirken auf die Kundenanforderungen	Beratungsstunden für Kunden vor Eröffnung des Angebotsprozesses	Anstieg um 5% pro Jahr
	Entwicklung des Regionalmarktes A	Anzahl Neukunden in Region A	Anstieg um 30% pro Jahr
	Schnelle Hardware-Installation	Arbeitstage zwischen Auftragserteilung und Hardware-Installation	90% unter zehn Arbeitstagen
	Überragendes Projektmanagement	Anteil Projekte ohne Kostenüberschreitung	90%
Mitarbeiter/ Wachstum	Kontinuierliche Verbesserung	Halbwertzeitindexwert	Jährliche Verbesserung um über 10%
	Hohe Mitarbeiterzufriedenheit	Index Mitarbeiterzufriedenheit	Zufriedenheitsindex über 80%
		Anzahl Verbesserungsvorschläge je Mitarbeiter	Mehr als 20 Vorschläge pro Mitarbeiter

Das Kausalitätssystem der Balanced Scorecard dient hier zur Identifizierung von Maßnahmen unter Einbezug sämtlicher Perspektiven. In diesem Zusammenhang ist zu konstatieren, dass die Balanced Scorecard nicht nur harte Faktoren, sondern auch weiche Faktoren, die die Fähigkeiten- und Entwicklungspläne für Mitarbeiter berücksichtigen, einbeziehen. Im Ergebnis lassen sich gegebenenfalls Best-Practice-Lösungen auf andere Unternehmensteile übertragen, um Skalierungseffekte zu generieren.

Abb. 30: Kausalitätssystem der Balanced Scorecard

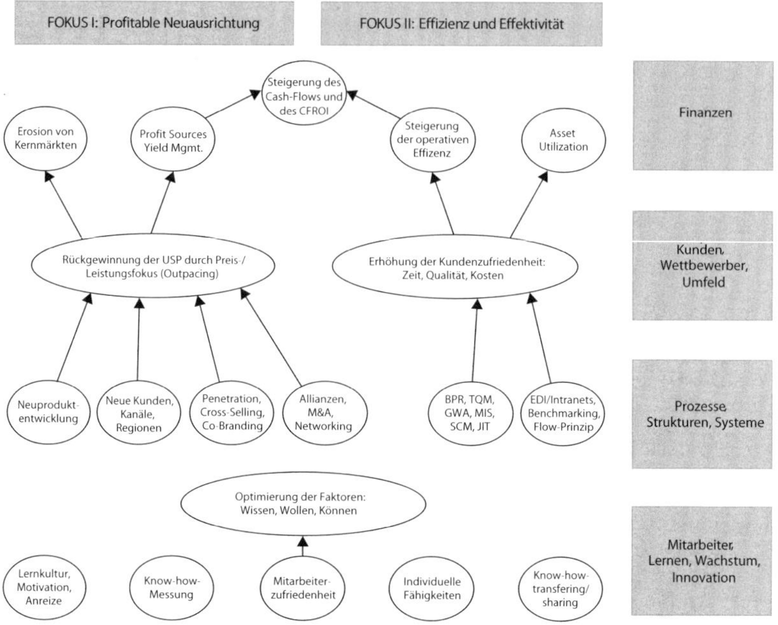

Balanced Scorecard als strategisches Managementsystem

Die Balanced Scorecard ist mehr als nur ein taktisches oder operatives Kennzahlensystem. Unternehmen nutzen sie als strategisches Managementsystem, um ihre Strategie langfristig zu steuern. Sie verwenden den Kennzahlenfokus der Balanced Scorecard, um kritische Managementprozesse durchzuführen. In diesem Zusammenhang unterstützt sie bei der Klarstellung und Übersetzung der Vision und Strategie des Unternehmens bzw. des jeweiligen Geschäftsbereichs, sie dient als Kommunikationsgrundlage und verknüpft strategische Ziele mit Kennzahlen, sie hilft bei der Planung, Zielsetzung und der strategischen Ausrichtung von Maßnahmen und sie fördert das strategische Feedback sowie das Lernen (vgl. Kaplan/Norton (1996a), S. 75ff.; Kaplan/Norton (1996b), S. 10ff.). Zusammengefasst lässt sich die Balanced Scorecard als Pocket Planning System interpretieren, da sie dem Management in extrem kondensierter Form einen Überblick über die Schlüsselfaktoren des strategischen und operativen Erfolgs verschafft. Der Management-4.0-Imperativ impliziert eine Weiterentwicklung der Balanced Scorecard in Richtung künstlich intelligenter Entscheidungssysteme unter Echtzeitbedingungen, die auf Basis großdatenbasierter Metaanalysen veredelte Informationen im Smartphone-Format generieren. Das TTTPPP-Paradigma (Tracing, Tracking, Tapping, Profling, Prediction, Profit) steht dabei für ein faktenbasiertes Management, das Decision Support Apps and Bots nicht als Bedrohung, sondern als Option auf komparative Entscheidungsvorteile interpretiert (vgl. auch Rasche (2013)). Personalisierte, individualisierte, lokalisierte und echtzeitbasierte Managementinformationen werden künftig mehr denn je betriebliche Transformationsprozesse auf der Makro-, Meso- und Mikroebene begleiten.

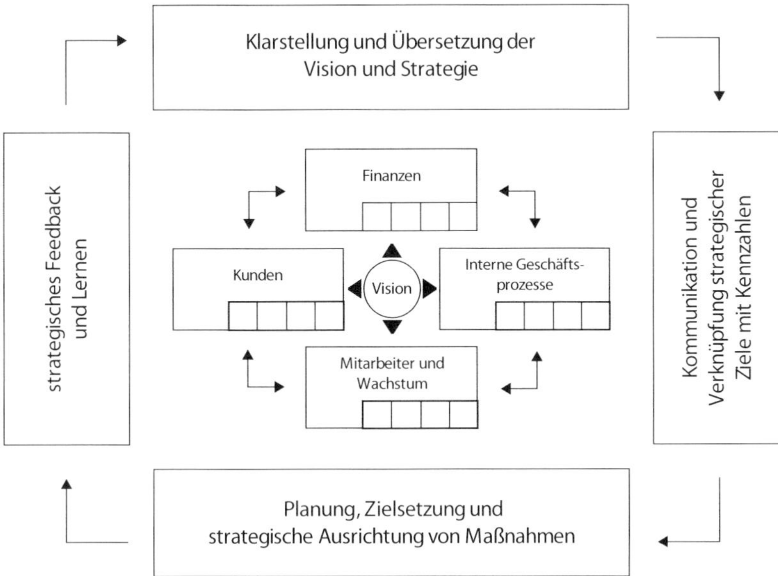

Abb. 31: Balanced Scorecard als strategisches Managementsystem (Quelle: In Anlehnung an Kaplan/Norton (1996a), S. 77)

Mit Hilfe dieser vier Managementprozesse – jeder einzeln für sich und in Kombination – gelingt es nach Kaplan und Norton (1996a), langfristige strategische Zielsetzungen mit kurzfristigen Maßnahmen zu verknüpfen. Der erste Prozess, die *Klarstellung und Übersetzung der Vision und Strategie*, unterstützt bei der Konsensbildung zur Vision und Strategie des Unternehmens. In diesem Zusammenhang lassen sich Aussagen, wie »wir möchten die Besten in diesem Segment sein«, »wir möchten der führende Anbieter sein« oder »wir möchten ein starkes, verantwortungsvolles und selbstbewusstes Unternehmen sein«, nicht ohne weiteres in operative Begriffe übersetzen, aus denen nützliche Leitfaden fur Maßnahmen auf lokaler Ebene abzuleiten sind. Für die Menschen, die unter dem Dach der Vision und Strategieerklärung arbeiten sollen, ist es wichtig, die Gesamtheit der Ziele und Maßnahmen in ausführlicher Form vorzufinden. Der zweite Prozess, die *Kommunikation und Verknüpfung strategischer Ziele mit Kennzahlen*, ermöglicht die Kommunikation der Strategie sowohl nach oben als auch nach unten und zielt auf deren Verknüpfung mit abteilungsspezifischen und individuellen Zielen. Traditionell werden Abteilungen nach ihrer finanziellen Leistung bewertet und individuelle Anreize an kurzfristige finanzielle Ziele geknüpft. Die Balanced Scorecard soll sicherstellen, dass alle Ebenen des Unternehmens die langfristige Strategie verstehen und dass darüber hinaus, sowohl die Abteilungsziele als auch die individuellen Ziele darauf abgestimmt sind. Der dritte Prozess, die *Planung, Zielsetzung und strategische Ausrich-*

tung von Maßnahmen, ermöglicht die Integration von Geschäfts- und Finanzplänen. Vor dem Hintergrund der Vielzahl von bestehenden Veränderungsprogrammen für Unternehmen, die insbesondere Schwierigkeiten in der Integration strategischer Ziele bereiten, dient die Balanced Scorecard – als strategisch abgeleiteter Maßnahmenkatalog – vor allem der Allokation von Ressourcen und Priorisierung im Kontext spezifischer Unternehmensmerkmale. In diesem Zusammenhang können strategiekonforme Initiativen ergriffen und koordiniert werden. Der vierte Prozess umfasst das *strategische Feedback sowie das Lernen*. Bestehende Feedback- und Überprüfungsprozesse konzentrieren sich darauf, ob das Unternehmen, seine Abteilungen oder seine einzelnen Mitarbeiter ihre budgetierten finanziellen Ziele erreicht haben. Mit der Balanced Scorecard im Zentrum der Managementsysteme kann ein Unternehmen kurzfristige Ergebnisse aus den drei zusätzlichen Perspektiven – Kunden, interne Geschäftsprozesse sowie Mitarbeiter und Wachstum – überwachen und die Strategie im Hinblick auf die jüngsten Ergebnisse bewerten. Sie ermöglicht es Unternehmen daher, Strategien zu ändern, um das Lernen in Echtzeit zu reflektieren (vgl. Kaplan/Norton (1996a), S. 75ff.).

Business Model Canvas im Change Management

Die Logik der Balanced Scorecard kann auch auf das originäre Instrument zur Geschäftsmodellentwicklung, den *Business Model Canvas* übertragen werden. Im Vergleich zum traditionellen Businessplan zeichnet sich dieses Konzept sowohl durch seine bessere Handhabbarkeit als auch durch seine dynamischen Eigenschaften aus, die es Gründern ermöglicht, die avisierten Geschäftsmodelle jederzeit flexibel anzupassen. Nach Osterwalder (2004) handelt es sich um ein eingängiges Konzept, das den Anspruch erhebt, eine »gemeinsame Sprache von Beschreibung, Visualisierung, Bewertung und Veränderung von Geschäftsmodellen« (Osterwalder (2004), S. 16) zu sein. Gemäß der Ontologie von Osterwalder (2004) setzt sich der Business Model Canvas aus neun Komponenten zusammen: Schlüsselpartnerschaften bzw. Partnernetzwerk, Schlüsselaktivitäten bzw. Tätigkeitsschwerpunkte, Schlüsselressourcen, Wertangebot bzw. Nutzenversprechen, Kundenbeziehungen, Kundensegmente, Vertriebskanäle, Kostenstruktur und Umsatz- bzw. Einnahmequellen. Es bietet sich an, den Ansatz des Business Model Canvas sowohl um eine vorgelagerte Visions-, Missions- und Strategieebene zu erweitern, da das Vorhandensein in Unternehmen nicht als selbstverständlich vorausgesetzt werden kann, als auch eine nachgelagerte Implementierungsebene zur Umsetzung ergänzt (vgl. Businessplan-Wettbewerb Berlin-Brandenburg (2015), S. 49ff.; Osterwalder (2004), S. 43). Insofern handelt es sich hierbei um den Advanced Business Model Canvas, weil gezielt die Brücke von der Strategie zur Meilensteinplanung und Geschäftsmodellrealisierung geschlagen wird. Auf diese Weise soll verhindert werden, dass der Business Model Canvas lediglich zu einer elaborierten Zustandsbeschreibung mutiert, ohne dass sich daraus Wettbewerbsvorteile auf der strategisch-visionären und/oder operativen Ebene ableiten lassen.

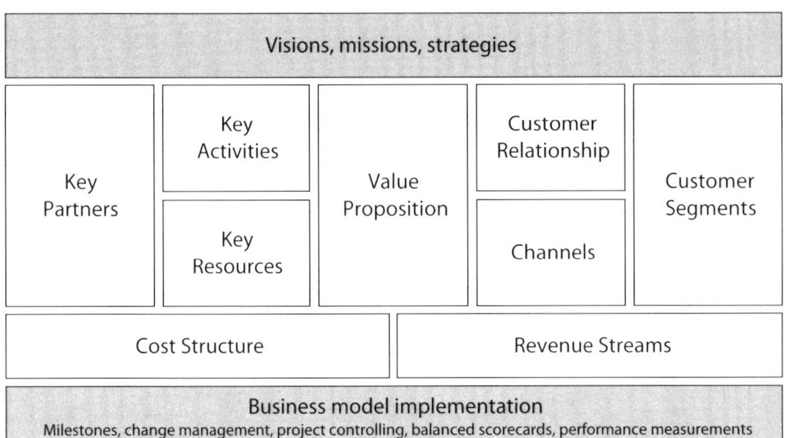

Abb. 32: Business Model Canvas im Change Management (Quelle: In Anlehnung an Strategyzer AG (2016): Advanced Business Model Canvas)

2.6 Performance Management und Veränderungen

Wirksamkeit und Reichweite

Change Management-Maßnahmen entfalten hinsichtlich ihrer operativen oder strategischen Wirksamkeit einen spezifischen Veränderungsumfang und erreichen in diesem Zusammenhang eine entsprechende Reichweite. Während Maßnahmen im operativen Bereich vornehmlich eine kurze Reichweite besitzen und vor allem Prozessoptimierungen mit einem überschaubaren Wirkungsbereich in den Fokus stellen, erhöht sich die Reichweite mit zunehmendem Strategiebezug. Die operativen Maßnahmen sind im Allgemeinen unmittelbar ergebniswirksam und beziehen sich vor allem auf einen inkrementellen Wandel, der Ziele im Bereich der operativen Exzellenz fokussiert und in diesem Zusammenhang vornehmlich die Elastizität dieser Ebene ausschöpft. Durch neue Praktiken, die durch die Mitarbeiter erprobt und erlernt werden müssen, nimmt die Leistungsfähigkeit des Unternehmens zunächst ab, um – nachdem das Tal der Tränen überwunden wurde – bestenfalls Überkompensationseffekte zu erzielen. Für eine höhere Reichweite müssen Maßnahmen ergriffen werden, die sowohl einen größeren Wirkungsbereich als auch eine gewisse Fristigkeit haben. Dazu zählen beispielsweise die Qualifizierung von Mitarbeitern sowie der Aufbau neuer Fähigkeiten im Rahmen der Organisationsentwicklung. Sowohl die Wirksamkeit als auch die Reichweite ist am größten, wenn sich das Unternehmen neu positioniert bzw. neue Geschäftsfelder erschlossen werden (vgl. Rasche et al. (2017), S. 1ff.).

Abb. 33: Wirksamkeit und Reichweite

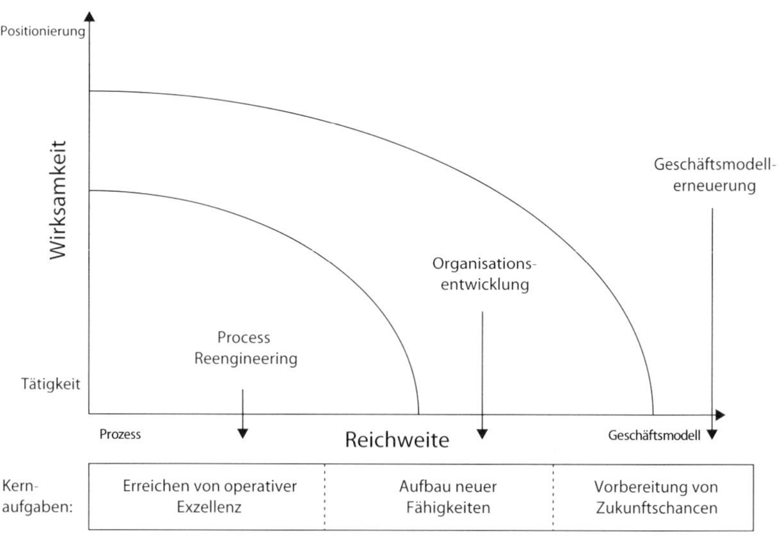

Ausmaß und Reichweite

Analog kann aus der Gegenüberstellung von Reichweite mit Positionierungsaspekten das Ausmaß des Wandels abgebildet werden. Die Dimension der Reichweite erstreckt sich in diesem Zusammenhang von Veränderungen im Bereich der Einzelfunktionen, Kernprozesse, Versorgungskette und der verlängerten Wertschöpfungskette. Die Positionierungsdimension zielt auf das Ausmaß der Maßnahmen und reicht von der Optimierung zur Effizienzsteigerung, über die Nutzung von Best-Practice-Lösungen und deren Entwicklung bis zur Neudefinition der Branchen.

Abb. 34: Ausmaß und Reichweite

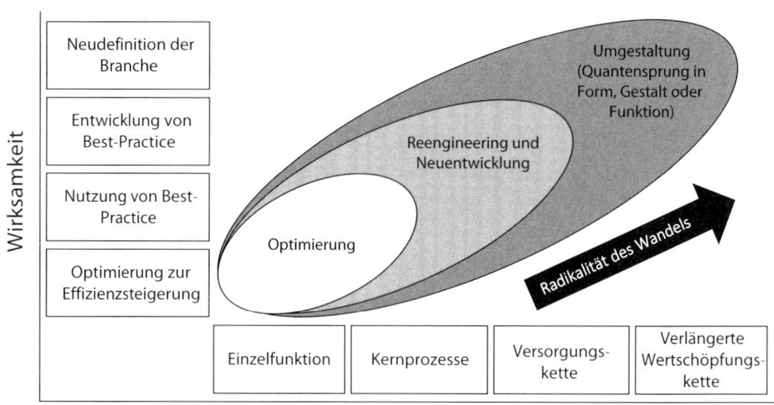

2.7 Konsolidierungs- und Wachstumsmanagement

Gestaltungsfelder

Im Rahmen des Konsolidierungs- und Wachstumsmanagements können zwei Gestaltungsfelder unterschieden werden. Zum einen das Business Consolidation Management, das vor allem auf die Verbesserung der betrieblichen Effizienz, Effektivität und Qualität – die operative Exzellenz – zielt, und zum anderen das Business Development Management, das insbesondere Aufgaben und Prozesse zur Entwicklung und Umsetzung von Wachstumsmöglichkeiten und in diesem Zusammenhang Themen, wie Service, Innovation und Intrapreneurship umfasst. Um die Rendite des Unternehmens oder einzelner Geschäftsteile dauerhaft zu steigern, ist es notwendig aus beiden Gestaltungsfeldern einen dynamischen Fit zu entwickeln. Das heißt, dass auf der einen Seite (Nennermanagement), die vorhandenen unternehmerischen Assets im Sinne einer Renditemaximierung verbessert und auf der anderen Seite (Zählermanagement), Möglichkeiten zur Erweiterung und zum Wachstum ausgeschöpft werden. Das Nennermanagement fokussiert – abseits der Steigerung des Umsatzes – vor allem die Kostenseite eines Unternehmens und versucht diese so gering wie möglich zu halten. In diesem Zusammenhang finden auf operativer Ebene vornehmlich Budgetkürzungen, Prozessoptimierungen und Gemeinkostenwertanalysen – ein Verfahren zu Senkung der Gemeinkosten – statt. Auf strategischer Ebene werden unter anderem Geschäftsfelder abgestoßen oder konsolidiert und Desinvestitionen vorangetrieben. Das Zählermanagement zielt auf die wachstumsorientierte Umsatzgenerierung und umfasst auf operativer Ebene intensive Marktpenetrationen, Promotion-Offensiven und Pricing bzw. Differenzierungsmodelle. Auf der strategischen Ebene wird unter anderem die Portfolioerweiterung, das Wachstum sowohl auf organischer Basis als auch durch Verschmelzung und Übernahme sowie die Entwicklung neuer Geschäftsmodelle und Innovationen fokussiert (vgl. Friedrich et al. (2002), S. 265; Rasche (2002), S. 25; Rasche et al. (2018), S. 1ff.).

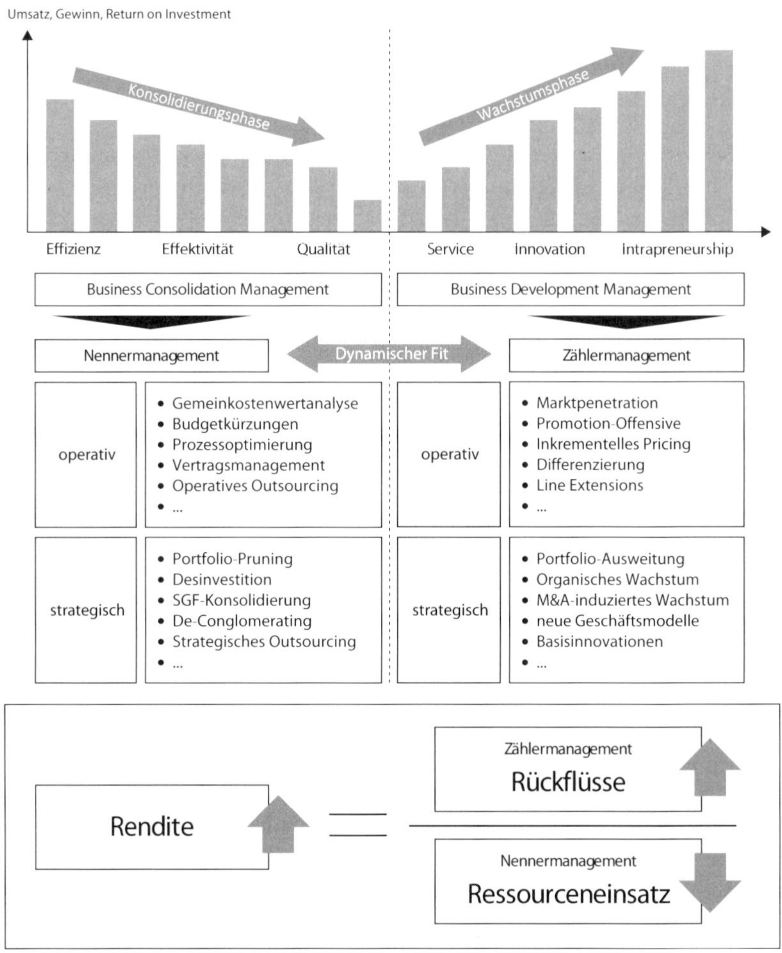

Abb. 35: Gestaltungsfelder des Konsolidierungs- und Wachstumsmanagement

Wie bereits dargestellt, kann die Unternehmensrendite über zwei Wege gesteigert werden: durch Kosteneinsparungen beim Ressourceneinsatz sowie durch zusätzliche Rückflüsse, wobei Umsatzsteigerungen auch immer mit Wachstumssteigerungen einhergehen. Im Rahmen des Ressourceneinsatzes kommen Tools und Techniken des operativen Sanierungsmanagements zum Tragen, die im Wesentlichen einer konsequenten Kostenorientierung folgen. Konkret wird im Kostenmanagement ermittelt, was die Hauptkostentreiber sind, wo sie verortet sind, wie sie sich reduzieren lassen und welche Kostenprognosen und -szenarien von den zu wählenden Strategien abgeleitet werden müssen. Im Bereich der Rückflusssteigerung werden Wertsteigerungsoptionen identifiziert und realisiert. Im Fokus steht hier das Wertmanagement, das unter anderem die Werte für Kunden, Shareholder und Mitarbeiter umfasst und unter Harmonierungsgesichtspunkten – beispielsweise im Rahmen einer Balanced Value Scorecard – miteinander vereint (vgl. ergänzend Rasche/ Schmidt-Gothan (2018))

Multiple Steuerungskonzepte

Im Rahmen der Unternehmenssteuerung werden die genannten Wertsteigerungskonzepte im Bereich des Zähler- und Nennermanagements von weiteren Steuerungskonzepten flankiert. Zu nennen sind hier insbesondere die führungsbezogenen *Management-by*-Konzepte sowie diverse andere Konzepte des strategischen Managements, wie beispielsweise die nach außen gerichtete Branchenstrukturanalyse sowie die generischen Wettbewerbsstrategien nach Porter (1979, 1985) oder der vornehmlich nach innen gerichtete Kernkompetenzenansatz nach Prahalad und Hamel (1990). Die Integration der Wertsteigerungs-, Führungs- und Strategiekonzepte geht in der Grundidee des multifokalen Managements auf, das – vor dem Hintergrund dynamischer Rahmenbedingungen – eine Koexistenz verschiedener Führungsmodelle, Managementtechniken und Leitbilder postuliert (vgl. Rasche (2002), S. 278ff.).

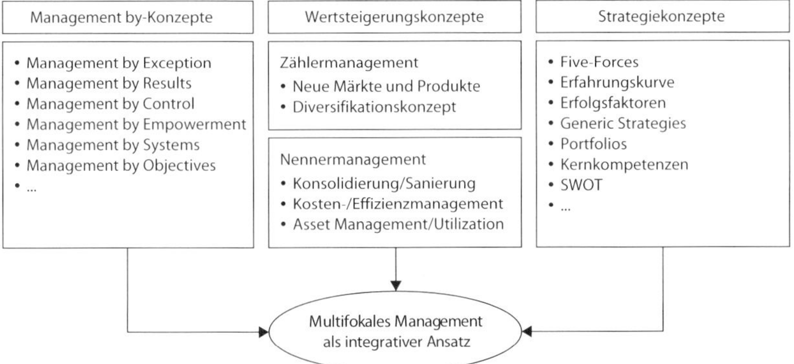

Abb. 36: Multiple Steuerungskonzepte im Rahmen des multifokalen Managements (Quelle: Eigene Darstellung in Anlehnung an die Ausführungen in Rasche (2002))

Wertsteigerungsmanagement im Sinne der BCG

Das Wertsteigerungsmanagement der Boston Consulting Group ist vornehmlich von dem Ziel getrieben, desolate Unternehmen zu übernehmen und zu sanieren, um sie im Anschluss gewinnbringend wieder zu verkaufen. Gerade zu Beginn der Sanierung ist es essentiell, auf Grundlage einer Identifikation der dringendsten Probleme des Unternehmens, beispielsweise mit Hilfe einer ABC-Analyse, einen Prioritätenkatalog hinsichtlich der durchzuführenden Maßnahmen zu entwickeln. In diesem Zusammenhang besitzen in der *ersten Phase* (Cash-Flow Marge) vornehmlich Fragen des Preis- und Kostenmanagements eine große Relevanz, da sie direkten Einfluss auf den Cash-Flow des Unternehmens haben. Ein aktives Cash Management erfordert an dieser Stelle unter anderem die Überprüfung der aktuellen Preispositionen, die Analyse von Kapazitäten, um gegebenenfalls Leistungspotenziale zu heben, und die systematische Auseinandersetzung mit der Preisstrategie zur Ermittlung von eventuellen Spielräumen. Im Bereich des Kostenmanagements werden bestehende Kostenstrukturen analysiert und Veränderungen im Rahmen der Vorsteuerung durch Szenarioanalysen – die im Allgemeinen Best-Case-Szenarien und Worst-Case-Szenarien sowie Trendextrapolationen umfassen – antizipiert. Die *zweite Phase* (Kapitalproduktivität) fokussiert die Kapitaleffizienz und -effektivität. Hier werden aus Kapitalproduktivitätsgesichtspunkten Lagerumschlagsgeschwindigkeiten, Kapazitätsauslastungen sowie das Forderungsmanagement auf ihr Optimierungspotenzial hin überprüft. Auch die Stilllegung oder der Verkauf von Unternehmensteilen zur kurzfristigen Verbesserung der Liquiditätssituation sind geeignet, um eine drohende Insolvenz zu verhindern. Der erfolgreiche Abschluss dieser Phase ist durch ein gesundetes Unternehmen gekennzeichnet und begründet gleichsam die Absprungbasis für die *dritte Phase* (profitables Wachstum), die sich vornehmlich durch Wachstumsaktivitäten auszeichnet. Unter der Maßgabe, dass jedwede Investition mindestens die Kapitalkosten decken soll, stehen vor allem zwei Möglichkeiten des Wachstums im Vordergrund. Auf der einen Seite besteht die Möglichkeit, vorhandene Kompetenzen auf neue Märkte oder Produkte zu übertragen oder, auf der anderen Seite, neue Kompetenzen entweder unternehmensintern oder durch Verschmelzung, Aufkauf oder strategische Allianzen zu entwickeln. Maßgeblich ist an dieser Stelle eine strategische Vorausschau über 5 bis 10 Jahre, die vornehmlich im Rahmen des Change Managements durchgeführt wird. Im Bereich der *vierten Phase* (Wachstumsarchitektur) werden sowohl Wachstumskompetenzen geschärft als auch wachstumsförderliche Infrastrukturen geschaffen, die insbesondere der nachhaltigen Unternehmenssicherung dienen sollen. In diesem Zusammenhang werden unter anderem Fragen der Rechtsform, bezüglich günstiger Kapitalbeschaffungsmöglichkeiten, sowie der flexiblen Aufstellung und Vermeidung von limitierenden Pfadabhängigkeiten und Trägheitsmomenten im Hinblick auf den zügigen Vollzug von Veränderungsprozessen erörtert.

Abb. 37: Idealtypische Phasen im Wertsteigerungsmanagement

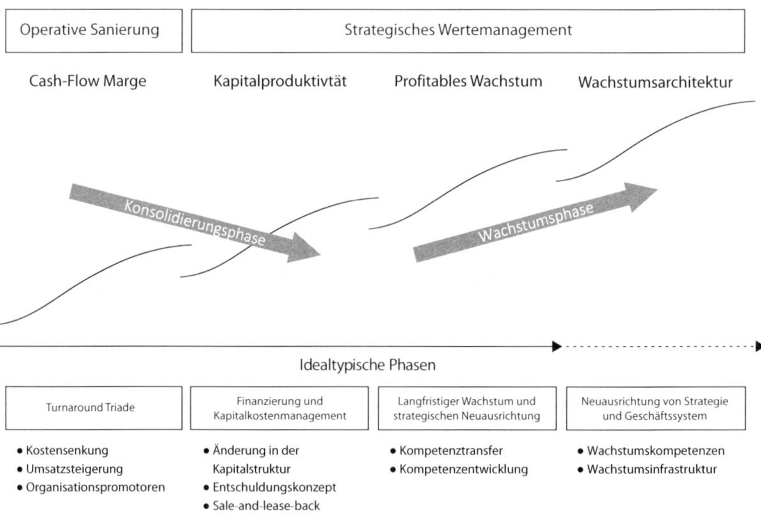

Turnaround-Studie

Die Turnaround-Studie von Rasche und Schmidt-Gothan (2004) stützt sich auf das idealtypische Phasenmodell des Wertsteigerungsmanagements. Sie subsumieren hier die vier oben genannten Phasen unter operativen und strategischen Gesichtspunkten. In diesem Zusammenhang verorten sie die Cash-Flow Marge-Phase im operativen Bereich und übersetzen sie als *operative Sanierung* mit einem Zeithorizont von bis zu 12 Monaten. Die Phasen Kapitalproduktivität, profitables Wachstum und Wachstumsarchitektur fassen sie unter der Kategorie *strategisches Wertmanagement* zusammen und veranschlagen hier einen Zeithorizont jenseits der 12 Monate (vgl. Schmidt-Gothan (2008), S. 142).

Operative Sanierung

Die operative Sanierung fokussiert vor allem kostensenkende Maßnahmen, wie beispielsweise die Optimierung von Prozessen, Reduzierung von Fix- und Gemeinkosten, Anpassung von Kapazitäten, Steigerung der Produktivität, Konsolidierung des Portfolios sowie Minimierung von Faktorkosten. Trotz der Dominanz der kostenseitigen Maßnahmen, sind zwei weitere bedeutsame Bereiche zu identifizieren: Zum einen sind das Maßnahmen zur kurzfristigen Umsatzsteigerung, und zum anderen organisationale Maßnahmen, wobei in diesem Ressort insbesondere die Stellung von Organisationspromotoren herausgestellt wird. Im Rahmen der kurzfristigen Umsatzsteigerung werden insbesondere Instrumente, wie Vertriebs- und Marketingoffensiven sowie Produkt-, Service- und Sortimentsoffensiven, zur Anwendung gebracht. Darüber hinaus werden systematische Umsatzsteigerungsprogramme aktiviert, die zum Beispiel auf die Ausschöpfung von regionalen Potenzialen zielen und in diesem Zusammenhang vor allem die operative Marktbearbeitung fokussieren. Die organisatorischen Maßnahmen respektive Organisationspromotoren bildet den dritten Eckpfeiler der operativen Sanierung und umfassen vor dem Hintergrund der Überwindung von Krisen vor allem »personelle Veränderungen in der Führung, Schaffung von Transparenz, Liquiditätsmanagement sowie Adaption der Ablauforganisation und Schnittstellen« (Schmidt-Gothan (2008), S. 145). Rasche und Schmidt-Gothan (2004) konstatieren, dass die Unternehmen zumeist mit einer operativen Sanierung in der Hoffnung beginnen, sich im Sinne des Muddling-Through, sich behelfsmäßig durchzubringen, bevor sie anfangen, die strategische Basis zu hinterfragen. Die genannten Maßnahmen zur Kostensenkung und Umsatzsteigerung sowie die Organisationspromotoren werden auch als *Turnaround-Triade* bezeichnet (vgl. Rasche/Schmidt-Gothan (2004); Schmidt-Gothan (2008), S. 142ff.).

Strategisches Wertmanagement

Wenn Unternehmen erkennen, dass Maßnahmen der operativen Sanierung nicht mehr ausreichen und beispielsweise Probleme im Bereich der Kapitalproduktivität sichtbar werden, gewinnen Maßnahmen des strategischen Wertmanagements an Relevanz, um unter anderem die Expansion oder Neuausrichtung zu forcieren. In der Phase der Kapitalproduktivität respektive der *Finanzierung und des Kapitalkostenmanagements* konnten Rasche und Schmidt-Gothan (2004) unterschiede im Durchführungsgrad – also dem Anteil der Unternehmen, die Sanierungsmaßnahmen in dieser Phase konsequent durchgeführt haben – und dem Wirkungsgrad auf Basis der Eigentümerstruktur der Unternehmen nachweisen. In diesem Zusammenhang konstatieren sie, dass die Steigerung der Kapitalproduktivität sowohl bei einer Fremdorganschaft als auch bei eigentümergeführten Unternehmen eine untergeordnete Rolle spielt, währenddessen in börsennotierten Unternehmen gerade Maßnahmen dieser Phase eine hohe Relevanz aufweisen. Zu den Maßnahmen gehören vor allem die Kapitalerhöhung sowie Entschuldungskonzepte und der Verkauf bzw. die Liquidation von Non-Core Assets. Darüber hinaus zählen zu den Maßnahmen dieser Phase unter anderem Veränderungen im Bereich der Kapitalmarktkommunikation, alternative Finanzierungen und Sale-and-lease-back-Verfahren, also der Verkauf von unternehmenseigenen Vermögenswerten an Leasinggesellschaften zur anschließenden Nutzung über Leasingverträge (vgl. Schmidt-Gothan (2008), S. 147f.). In der Phase des profitablen Wachstums werden Maßnahmen des *langfristigen Wachstums und der strategischen Neuausrichtung* zum Einsatz gebracht. Auf Grundlage der Rückgewinnung von Wettbewerbsvorteilen, können Unternehmen in dieser Phase profitable Wachstumsstrategien verfolgen. Zu nennen wären hier unter anderem Investitionsmaßnahmen im Bereich der Forschung und Entwicklung, Fusionen und Übernahmen, geografische Expansionen sowie in andere Geschäftsfelder und das Corporate Venturing (vgl. Schmidt-Gothan (2008), S. 148f.). Maßnahmen zur Veränderung hinsichtlich des *Unternehmensleitbildes, der Führungsstruktur und der Corporate Governance* sind in der Phase der Wachstumsarchitektur verortet. In den Untersuchungen von Rasche und Schmidt-Gothan (2004) konnte insbesondere die Dominanz von Maßnahmen im Bereich der Führungsstruktur und Corporate Governance nachgewiesen werden (vgl. Rasche/ Schmidt-Gothan (2004); Schmidt-Gothan (2008), S. 149). Die nachfolgende Abbildung zeigt die Ergebnisse der Turnaround-Studie respektive die Antworten der untersuchten Unternehmen zu der Frage nach weitergehenden Hauptherausforderungen. Diese wurden in das Modell des Wertsteigerungsmanagements mit typischen Aussagen überführt.

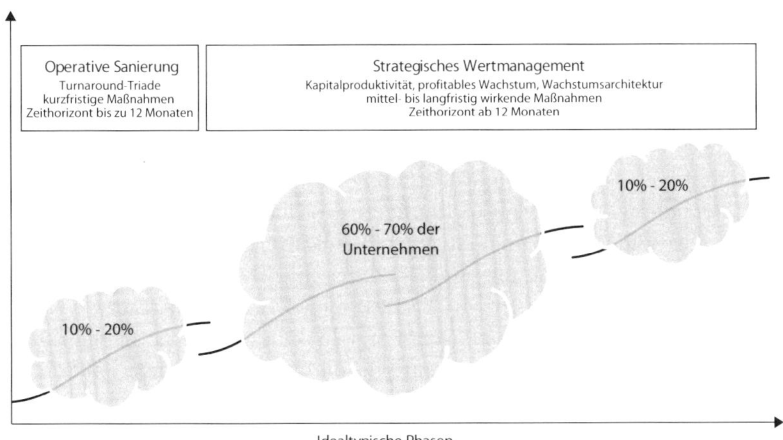

Abb. 38: Positionierung der Unternahmen entlang der Modellphasen (Quelle: In Anlehnung an Schmidt-Gothan (2008), S. 152)

Modell zum integrativen Kostenmanagement

Das Modell des integrativen Kostenmanagements umfasst gleichermaßen permanente und punktuelle Verfahren auf der Dimension zwischen vornehmlich holistischer und fokussierender Ausrichtung. Sowohl die permanenten als auch die punktuellen Verfahren werden im Rahmen des Nennermanagements, wie zum Beispiel im Bereich der operativen Exzellenz, der Konsolidierung oder der Verbesserung der Effizienz und Produktivität zum Einsatz gebracht. Unterstützt werden diese beiden Verfahren durch ein belastbares Controlling, umfangreiche Prozessdatenbanken sowie Benchmarkinganalysen.

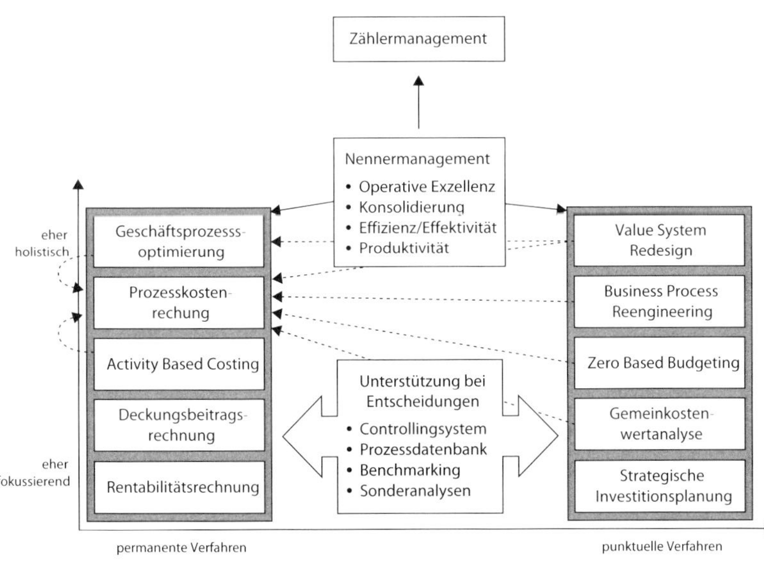

Abb. 39: Integratives Kostenmanagementmodell

Permanente Verfahren im integrativen Kostenmanagement

Im Bereich der permanenten Verfahren werden vor allem kennzahlenbasierte *Rentabilitätsrechnungen*, wie beispielsweise Return on Investment, Return on Equity oder Return on Capital Employed, eingesetzt. Diese eher fokussierenden Kennzahlen führen in ihrer Übersetzung zu konkreten Renditevorgaben auf das Gesamt-, Eigen- oder Fremdkapital. Die *Deckungsbeitragsrechnung* – ebenfalls ein permanentes Verfahren – ist dem Bereich der Teilkostenrechnung zuzuordnen und differenziert zwischen einstufiger und mehrstufiger Betrachtung. Die einstufige Deckungsbeitragsrechnung unterscheidet ausschließlich nach variablen und fixen Kosten. Zur Ermittlung des absoluten Deckungsbeitrages werden die gesamten variablen Kosten vom erzielten Gesamtumsatz abgezogen. Der ermittelte Deckungsbeitrag enthält alle im Unternehmen entstandenen fixen Kosten und im günstigsten Fall einen Unternehmensgewinn. Die mehrstufige Deckungsbeitragsrechnung zieht nicht alle Fixkosten des Unternehmens in einer Summe ab, sondern unterteilt die Fixkosten weiter, beispielsweise in Produktfixkosten, Produktgruppenfixkosten und Unternehmensfixkosten. Das in den USA entwickelte *Activity Based Costing* fokussiert die zur Erstellung einer Leistung in Anspruch genommenen Aktivitäten und zielt in diesem Zusammenhang auf eine verursachungsgerechte Umlegung der fixen Gemeinkosten auf die entsprechenden Produkte. Sie bezieht sich auf die Vollkostenrechnung für die Ausführung von Geschäftsprozessen und bildet damit die Basis für die Entwicklung der *Prozesskostenrechnung*. Diese orientiert sich vornehmlich an den Rahmenbedingungen des deutschen Rechnungswesens und bezeichnet eine aktivitätszentrierte Rechnung, die – im Unterschied zum Activity Based Costing – insbesondere indirekte Leistungsbereiche in den Fokus rückt. Die *Geschäftsprozessoptimierung* stellt im Bereich der permanenten Verfahren die ganzheitlichste Variante der Maßnahmen im integrativen Kostenmanagement dar. Geschäftsprozesse bestehen »aus der funktions- und organisationsübergreifenden Folge wertschöpfender Aktivitäten, die von Kunden erwartete Leistungen erzeugen und die aus der Geschäftsstrategie und den Geschäftszielen abgeleitete Prozessziele erfüllen« (Schmelzer/Sesselmann (2013), S. 52). Hier findet unter anderem die Erarbeitung eines quantitativen Kalkulationsmodells statt, mit dessen Hilfe zum Beispiel Personalintensitäten in Geschäftsprozessen ermittelt werden können, um in letzter Konsequenz Standardprozesse zu automatisieren (vgl. Barth/Barth (2008), S. 316; Horváth (2003), S. 551; Mayer/Stoi (2003), S. 623; Posluschny/Posluschny (2006), S. 180ff.; Stoi (2003), S. 5ff.).

Punktuelle Verfahren im integrierten Kostenmanagement

Im Bereich der punktuellen Verfahren werden – im Gegensatz zu den permanenten Verfahren – einzelne Maßnahmen anlassbezogen durchgeführt, die ebenfalls auf der Achse zwischen einer fokussierenden und holistischen Ausrichtung eingeordnet werden können. Als stark fokussierend kann in diesem Zusammenhang die *strategische Investitionsplanung* bzw. der Discounted Cash-Flow verstanden werden, da hier – entsprechend der Kapitalwertmethode aus der dynamischen Investitionsrechnung – der Barwert für konkrete Investitionen im Zeitverlauf der Nutzung mit sämtlichen Ein- und Auszahlungen erfasst und mit einem realistischen Zinssatz bewertet werden, um deren absolute und relative Vorteilhaftigkeit zu ermitteln. Die *Gemeinkostenwertanalyse* zielt auf Grundlage systematischer und kreativitätsorientierter Auseinandersetzung auf die Analyse und Bewertung von Gemeinkostenträgern und die Reduzierung der ihnen zurechenbaren Kosten. Das *Zero-Base-Budgeting* bezeichnet – wie die Gemeinkostenwertanalyse – ein Verfahren im Gemeinkostenmanagement, zielt jedoch nicht auf eine Senkung der Kosten, sondern auf eine rationelle Ressourcenallokation von weniger wichtigen zu wichtigeren Aufgaben. Im Rahmen des *Business Process Reengineering* werden Geschäftsprozesse von Grund auf erneuert. In diesem Zusammenhang werden Aufgaben und Abläufe fundamental überdacht sowie sämtliche Verfahrensweisen und Strukturen radikal umgestaltet, um im Ergebnis Quantensprünge in der Prozessperformance bezüglich der Kundenzufriedenheit sowie entlang des prozessorientierten magischen Dreiecks bestehend aus Zeit, Kosten und Qualität zu generieren. Das *Value System Redesign* ist ein Beispiel für eine betont ganzheitliche Ausrichtung. Dieser Ansatz hinterfragt das komplette Wertschöpfungssystem und basiert auf der Annahme, dass ein nachhaltiger Wettbewerbsvorteil nur mit organisationaler Agilität erreicht werden kann. Durch eine kontinuierliche Umstrukturierung ist es Unternehmen möglich, Veränderungen auszunutzen und in diesem Zusammenhang Marktchancen mit Hilfe angepasster Geschäftsprozesse zu ergreifen (vgl. Gerke/Bank (2003), S. 99; Hammer/Champy (1994), S. 47; Katzy/Riggers (1997), S. 224ff.; Mayer (2003), S. 835; Perridon/Steiner (2002), S. 16; Schmelzer/Sesselmann (2013), S. 410f.).

Restrukturierung und Neuausrichtung

In Anlehnung an die Düsseldorfer Unternehmensberatung und Investmentgesellschaft Droege International & Comp. haben wir einen Fahrplan für die Sanierung von Unternehmen entwickelt, der sich dem nachhaltigen und substanzveredelnden Wertmanagement verschreibt (vgl. auch Rasche/Schmidt-Gothan (2018)). Das holistische Wertmanagement differenziert zwischen dem Konsolidierungsmanagement einerseits und dem Wachstumsachsenmanagement andererseits, wodurch zwei Hauptphasen begründet werden. Diese untergliedern sich wiederum in jeweils zwei Teilphasen. Die erste Phase, die *Sanierung* bzw. Restrukturierung dient der Wertsicherung und hat vor diesem Hintergrund einen konsolidierenden Charakter. Maßnahmen in diesem Bereich entstammen vor allem dem Nennermanagement und beziehen sich vornehmlich auf die Überwindung von Schwierigkeiten, die aus der Vergangenheit herrühren sowie die Bewältigung gegenwärtiger Herausforderungen. Die erste Teilphase fokussiert die *finanzielle Neuordnung* und befasst sich vor diesem Hintergrund vor allem mit Liquiditätsaspekten des Unternehmens. Im Wesentlichen werden hier finanzielle Einsparungs- und Optimierungsmöglichkeiten identifiziert. Im Bereich der zweiten Teilphase, der *strukturellen Sanierung*, werden vornehmlich strukturelle

Optimierungsmöglichkeiten gesucht und das Unternehmen von ineffizienten und ineffektiven Entitäten bereinigt. Die zweite Phase bezieht sich auf die *Neuausrichtung* des Unternehmens und dient in diesem Zusammenhang dem Wachstum respektive der Wertgenerierung und -aufteilung. Maßnahmen in diesem Bereich sind insbesondere dem Zählermanagement entlehnt und beziehen sich auf die Antizipation zukünftiger Trends und Entwicklungen. Die erste Teilphase markiert die *strategische (Re-)Positionierung* des Unternehmens und befasst sich vor diesem Hintergrund mit dem Zukunftskonzept unter anderem hinsichtlich der zukünftigen Geschäftsfelder, dem Auf- und Ausbau von Kernkompetenzen und den Veränderungen im Organisations- und Managementbereich. Die zweite Teilphase, die *strukturelle Expansion*, ist durch eine konsequente Wachstumsorientierung geprägt. Hier werden unter anderem Offensiven sowohl im Vertrieb und Marketing als auch im Produkt- und Servicebereich durchgeführt, strategische Allianzen und Kooperationen geschlossen sowie neue Wachstumsfelder erschlossen. Rasche (2005a) bemerkt hinsichtlich der rigiden Zweiteilung von vornehmlich operativen Aspekten in der Konsolidierungsphase und der strategieorientierten Wachstumsphase, dass die Auseinandersetzung mit strategischen Gesichtspunkten auch im Bereich der Konsolidierung stattfindet, jedoch aufgrund der Notwendigkeit akutwirksamer Maßnahmen eher in den Hintergrund tritt (vgl. Rasche (2002), S. 25; Friedrich et al. (2002), S. 365; Rasche (2005a), S. 345f.).

Abb. 40: Leitfaden für die Unternehmenssanierung (Quelle: In Anlehnung an Rasche (2005a), S. 346)

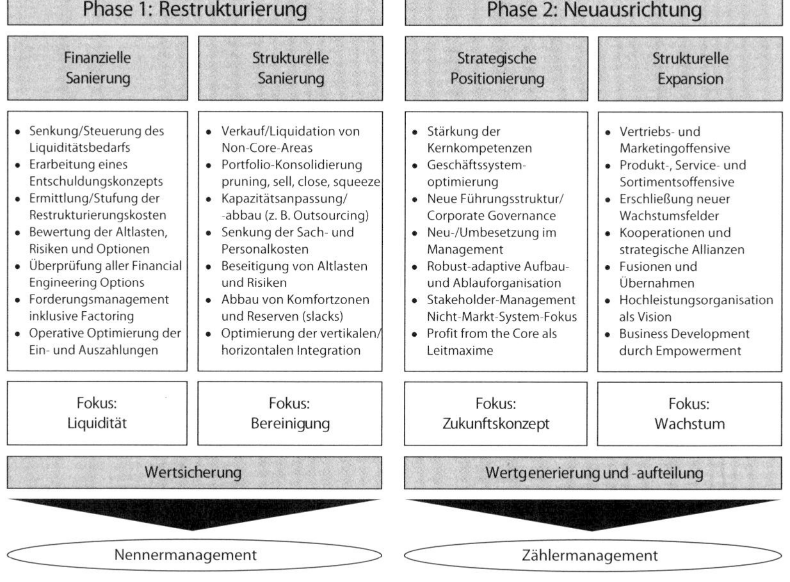

Zentrale Umsetzungstreiber

Es lassen sich zehn zentrale Erfolgsfaktoren von Effizienzoffensiven identifizieren, die in die Bereiche eines vornehmlich reaktiven konsequenten Kostenmanagements und eines proaktiv vorsteuernden Veränderungsmanagements gruppiert werden können. In diesem Zusammenhang ist zu konstatieren, dass diese Gruppen nicht losgelöst nebeneinanderstehen, sondern sich gegenseitig beeinflussen. Die nachfolgende Abbildung zeigt die zehn zentralen Umsetzungstreiber und die Verbindung zwischen den beiden Gruppen.

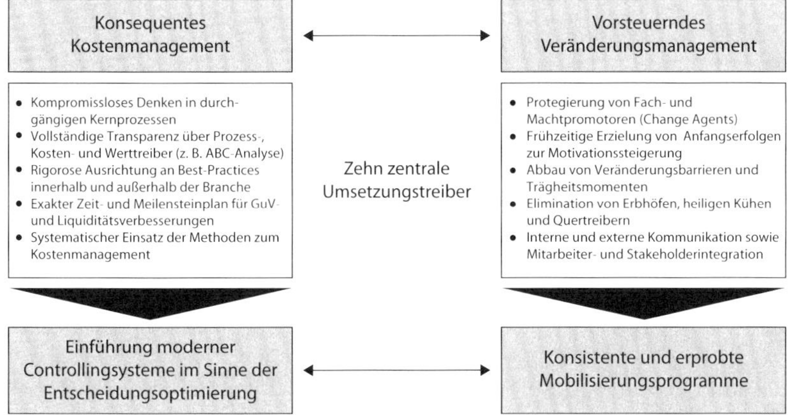

Abb. 41: Erfolgsfaktoren von Effizienzoffensiven

Initiierung organisationaler Wachstumsoffensiven

Zur Durchführung organisationaler Wachstumsoffensiven (Business Development) lässt sich in Anlehnung an Droege International ein Drei-Phasen-Konzept ableiten, dem eine Audit-Phase vorgeschaltet ist, die in Vorbereitung auf die Wachstumsoffensive vorbereitende Überlegungen unter anderem hinsichtlich der Wachstumsziele und -felder, Ressourcen, Prozessen und Strukturen sowie die Identifikation von Stellschrauben umfasst. Das dreiphasige Wachstumskonzept wird darüber hinaus in jeder Phase durch mögliche Sofortmaßnahmen flankiert (vgl. auch Rasche/Schmidt-Gothan (2018)).

Abb. 42: Konzept zu Wachstumsoffensiven

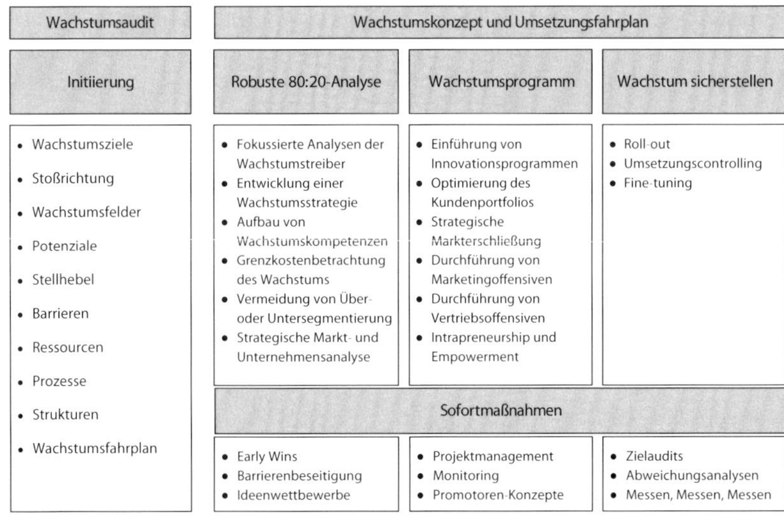

Im Rahmen der *80:20-Analyse*, der ersten Phase in der Wachstumsoffensive, werden entsprechend dem Pareto-Prinzip unter anderem Wachstumstreiber und -kompetenzen sowie die Unternehmens- und Marktsituation nach einem Priorisierungsmuster analysiert. Das Pareto-Prinzip, das auf den italienischen Mathematiker Vilfredo Pareto zurückzuführen ist, besagt, dass in vielen Fällen mit einem Aufwand von 20 Prozent circa 80 Prozent des Ertrags erwirtschaftet werden kann. Vor diesem Hintergrund gilt es, die Wachstumsgrößen zu identifizieren, die gleichermaßen ein größtmögliches Wachstum ermöglichen und aufwandsminimal sind. In diesem Zusammenhang kommen Instrumente, wie beispielsweise die ABC-Analyse in Betracht, die auf unterschiedliche Entitäten angewendet werden kann und eine Klassifizierung zum Ergebnis hat. Im Bereich der *Wachstumsprogramme* werden auf Grundlage vorangestellter Analysen Maßnahmen und Konzepte entwickelt und durchgeführt, die unmittelbar auf das Wachstum des Unternehmens zielen. In der dritten Phase soll das erreichte *Wachstum sichergestellt* werden. Dazu werden die Maßnahmen und Programme hinsichtlich ihrer Effizienz und Wirksamkeit evaluiert und Wachstumsparameter gegebenenfalls in einem Fine-tuning-Prozess angepasst (vgl. Macharzina/Wolf (2010), S. 783).

Six-Sigma-Offensiven

Beim *Six-Sigma* handelt es sich um ein Managementkonzept, das in der Tradition des kontinuierlichen Veränderungsprozesses auf die Verbesserung von Prozessen sowie die Qualitätssteigerung von Produkten und Dienstleistungen zielt. Dabei verfolgt der Six-Sigma-Ansatz eine stringente Kundenorientierung. Das Konzept umfasst eine Toolbox von verschiedenen Methoden, wobei deren bekanntester Vertreter und Kernstück des Ansatzes das DMAIC-Verfahren ist. Angelehnt an den Demingkreis, den sogenannten PDCA-Zyklus (Plan-Do-Check-Act), umfasst dieses Verfahren die Phasen Definieren der Prozesse auf Grundlage von Daten und

Fakten (Define), Messen der Prozessleistung (Measure), Analysieren der Messergebnisse (Analyse), Verbessern der problematischen Prozesse (Improve) und Steuern und Überwachen der verbesserten Prozesse (Control). Auf dieser Grundlage – so proklamiert dieser Ansatz – können Kosten reduziert, die Qualität erhöht und die Kundenzufriedenheit gesteigert werden. Das Wort *Sigma* bezeichnet die Standardabweichung im Rahmen der Gaußschen Normalverteilung. Das Sigma-Niveau kann aus den Fehlerquoten innerhalb von betrachteten Geschäftsprozessen ermittelt werden, wobei ein Sechs-Sigma-Niveau einem Null-Fehler-Prozess entspricht. Berühmtheit erlangte dieses Managementkonzept Ende der 1990er vor allem durch Jack Welch, seines Zeichens damaliger Chief Executive Officer bei General Electric (vgl. Toutenburg/Knöfel (2009), S. 2ff.).

Abb. 43: Schlüsselmerkmale von Six-Sigma-Offensiven (Quelle: Eigene Darstellung in Anlehnung an Droege International)

Beim Six-Sigma-Konzept handelt es sich um eines der effektivsten Ansätze, um Restrukturierungs-, Sanierungs- und Change Management-Offensiven zu begleiten. Basierend auf der Total Quality Management-Idee ist jeder Mitarbeiter für die Sicherstellung der Qualität und Reduzierung von Betriebsrisiken verantwortlich. Vor diesem Hintergrund sollen die Mitarbeiter befähigt, bevollmächtigt und incentiviert werden, um permanent Verbesserungsvorschläge erarbeiten und umsetzen zu können. Es werden vier Säulen des Six-Sigma-Konzepts identifiziert: Mobilisierung, Disziplin, Präzision und Konsequenz. Die *Mobilisierung* erfordert eine kaskadenförmige Umsetzung, das heißt, dass zunächst globale Verbesserungsziele definiert werden und diese im Anschluss immer weiter auf die operative Ebene heruntergebracht werden. Das Topmanagement gibt demnach das Globalziel vor, die nächste Ebene konkretisiert die Zielvorgaben und die operative Ebene setzt die Ziele durch die Ergreifung von Einzelmaßnahmen um. Dabei ist jedoch zu konstatieren, dass die Mitarbeiter aktiv in den Strategieverwirklichungsprozess einbezogen werden müssen. Des Weiteren sollen Master Black

Belts, die als Promotoren für die Umsetzung und den flächendeckenden Roll-out von einzelnen Initiativen der Veränderung verantwortlich sind, freigestellt werden. Darüber hinaus sollen Schulungen und Trainings für die Mitarbeiter durchgeführt werden. Im Bereich *Disziplin* werden sowohl die einzelnen Phasen des DMAIC-Verfahrens betont als auch die einzelnen Ziele mit verantwortlichen Personen untersetzt. Die *Präzision* verpflichtet die Mitarbeiter auf messbare Ziele, was unter anderem durch Pflichten- und Lastenhefte realisiert wird. Darüber hinaus werden Control Charts, Key Performance Indicators und Dashboards eingesetzt. Im Bereich der *Konsequenz* gilt es unter anderem, herausfordernde aber nicht überfordernde Ziele zu entwickeln.

KONTROLLFRAGEN zum zweiten Kapitel

1. Erläutern Sie die einzelnen Bestandteile der Strategiepyramide.

2. Inwiefern kann Portfolio-Reengineering zur Wertsteigerung eines Unternehmens beitragen?

3. Nennen und charakterisieren Sie die Archetypen der Restrukturierung.

4. Unterscheiden Sie verschiedene Formen der Restrukturierung.

5. Beleuchten Sie Aspekte der strategischen und operativen Exzellenz im Hinblick auf den organisationalen Wandel.

6. Skizzieren Sie eine Balanced Scorecard. Welche Dimensionen werden erfasst und was macht den integrativen Charakter dieses Instruments aus?

7. Erläutern Sie den Ursache-Wirkungs-Zusammenhang der einzelnen Perspektiven.

8. Welchen Beitrag leistet Balanced Scorecard als Managementsystem im Change Management?

9. Inwiefern kann die Logik der Balanced Scorecard auf den Business Modell Canvas übertragen werden?

10. Zeigen Sie den Zusammenhang von Wirksamkeit/Ausmaß und Reichweite von Maßnahmen im Veränderungsmanagement auf.

11. Erläutern Sie das Nenner- und Zählermanagement vor dem Hintergrund des Konsolidierungs- und Wachstumsmanagements.

12. Skizzieren Sie die idealtypischen Phasen im Wertsteigerungsmanagement.

13. Charakterisieren Sie die operative Sanierung. Gehen Sie dabei insbesondere auf die Bestandteile der Turnaround-Triade ein.

14. Nennen Sie permanente und punktuelle Verfahren im integrativen Kostenmanagement.

15. Zeigen Sie zentrale Erfolgsfaktoren für Effizienzoffensiven sowohl im Bereich des Kostenmanagements als auch im Bereich des strategischen Veränderungsmanagements.

16. Erläutern Sie das Konzept von Wachstumsoffensiven. Gehen Sie dabei auf die unterschiedlichen Phasen ein.

17. Welche Schlüsselmerkmale umfassen Six-Sigma-Offensiven?

3 Transformation durch Sanierung und Restrukturierung

Abb. 44: Übersicht zum dritten Kapitel

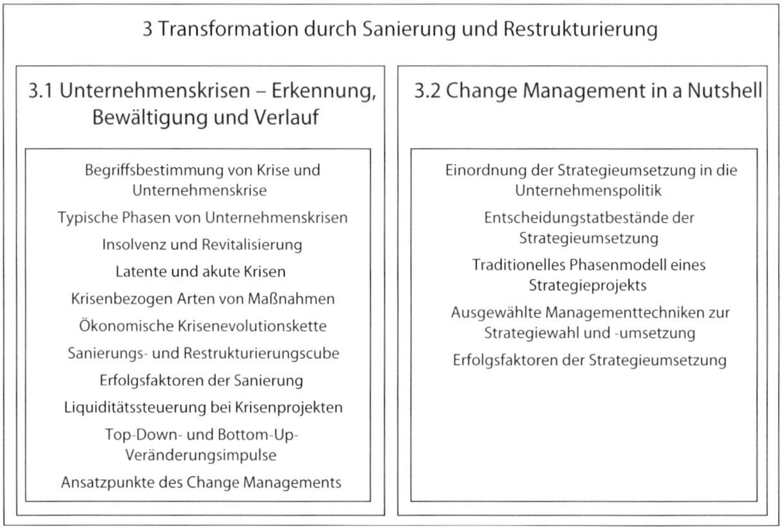

3 Transformation durch Sanierung und Restrukturierung

3.1 Unternehmenskrisen – Erkennung, Bewältigung und Verlauf	3.2 Change Management in a Nutshell
Begriffsbestimmung von Krise und Unternehmenskrise	Einordnung der Strategieumsetzung in die Unternehmenspolitik
Typische Phasen von Unternehmenskrisen	Entscheidungstatbestände der Strategieumsetzung
Insolvenz und Revitalisierung	Traditionelles Phasenmodell eines Strategieprojekts
Latente und akute Krisen	Ausgewählte Managementtechniken zur Strategiewahl und -umsetzung
Krisenbezogen Arten von Maßnahmen	Erfolgsfaktoren der Strategieumsetzung
Ökonomische Krisenevolutionskette	
Sanierungs- und Restrukturierungscube	
Erfolgsfaktoren der Sanierung	
Liquiditätssteuerung bei Krisenprojekten	
Top-Down- und Bottom-Up-Veränderungsimpulse	
Ansatzpunkte des Change Managements	

»You can't shrink your way to greatness« (Peters (1997), S. 19) ist die Leitmaxime des Unternehmensberaters und Management-Gurus Tom Peters. Im Kern zielt diese Aussage auf ein Missverständnis bezüglich der einseitigen Schwerpunktsetzung auf Kostenaspekte im Sanierungs- bzw. Restrukturierungsprozess. In diesem Zusammenhang reicht eine ausschließliche Fokussierung auf kostenminimierende bzw. finanzoptimierende Gesichtspunkte kaum aus, um als Unternehmen an Größe zu gewinnen. Vielmehr ist es – analog dem oben dargestellten Leitfaden für die Unternehmenssanierung – notwendig, im Anschluss des wertsichernden Nennermanagements eine nachhaltige Aufbaustrategie zu entwickeln und diese dann auch umzusetzen. Zusammenfassend kann konstatiert werden, dass sogenannte *search-and-destroy*-Maßnahmen (Kostenorientierung) und *buy-and-build*-Programme (Wachstumsorientierung) aufeinander abgestimmt und harmonisiert werden müssen.

3.1 Unternehmenskrisen – Erkennung, Bewältigung und Verlauf

Begriffliche Grundlagen: Krise und Unternehmenskrise

Im Allgemeinen wird unter dem Begriff *Krise* eine »Entscheidungssituation, Wende- oder Höhepunkt einer gefährlichen Entwicklung« (Dudenredaktion (1997), S. 437f.) verstanden. Laut einer betriebswirtschaftlichen Definition von Krystek (1987) sind *Unternehmenskrisen* »ungeplante und ungewollte Prozesse von begrenzter Dauer und Beeinflußbarkeit sowie mit ambivalentem Ausgang. Sie sind in der Lage, den Fortbestand der gesamten Unternehmung substantiell und nachhaltig zu gefährden oder sogar unmöglich zu machen. Dies geschieht durch die Beeinträchtigung bestimmter Ziele [...], deren Gefährdung oder gar Nichterreichung gleichbedeutend ist mit einer nachhaltigen Existenzgefährdung oder Existenzvernichtung der Unternehmung als selbstständig und aktiv am Wirtschaftsprozeß teilnehmender Einheit mit ihren bis dahin gültigen Zweck- und Zielsetzungen« (Krystek (1987), S. 6f.). Verkürzt definiert Opferkuch (2014) *Unternehmenskrisen* als »ungeplante und ungewollte Prozesse, die den Fortbestand des Unternehmens substantiell und nachhaltig gefährden können oder sogar zu Nichte machen« (Opferkuch (2014), S. 1).

Typische Phasen von Unternehmenskrisen

Die Kriseninterventionsforschung befasst sich unter anderem mit der Entstehung von Unternehmenskrisen und deren Bewältigung. In einer systematischen Untersuchung von Krisenverläufen konnten Forscher den prozessualen Charakter von Krisen herausstellen und in diesem Zusammenhang typische Phasen identifizieren: Strategiekrise, Ergebniskrise und Liquiditätskrise. Brunke und Klein (2012) konstatieren, dass Unternehmenskrisen grundsätzlich nicht auf isolierte Tatbestände oder einfache Kausalitäten zurückzuführen sind und darüber hinaus nicht abrupt auftreten. Vielmehr »markieren Unternehmenskrisen das vorläufige Ende einer längeren, komplexen Entwicklung, die schließlich in einem Insolvenzverfahren münden kann« (Brunke/Klein (2012), S. 50). Die *strategische Krise* äußert sich vornehmlich durch den Verlust von komparativen Konkurrenzvorteilen, da beispielsweise die bestehenden Geschäftsmodelle sowohl den Anforderungen des Marktes nicht genügen als auch dem zunehmenden Veränderungsdruck nicht standhalten können. Das kann dazu führen, dass Produkte, Dienstleistungen und Marken nicht mehr ausreichend gut positioniert sind, die Kunden anfangen sich despektierlich über das Unternehmen zu äußern und erste Gerüchte entstehen. Im Ergebnis distanzieren sich die Stakeholder und das Unternehmen verliert schleichend Marktanteile. Grundsätzlich deuten sich strategische Krisen circa fünf bis sieben Jahre im Voraus unter anderem durch einen Verlust von Marktanteilen, den Rückgang der Neuproduktrate, die Reduzierung von Budgets im Bereich der Forschung und Entwicklung sowie die Überalterung des Personals an. In diesem Zusammenhang kann konstatiert werden, dass sich Strategiekrisen vor allem langfristig bewältigen lassen. Der Handlungsspielraum ist noch entsprechend groß und der Pool an Möglichkeiten zur Gegensteuerung durch adäquate Sanierungs- bzw. Restrukturierungsmaßnahmen umfangreich. Der strategischen Krise ist häufig eine Leadershipkrise vorgelagert, die sich unter anderem durch eine unmotivierte und teilweise unorganisierte Führungsspitze auszeichnet, die als solche auch von den Mitarbeitern als wenig spezialisiert wahrgenommen wird und durch eine Verschlechterung des allgemeinen Betriebsklimas gekennzeichnet ist. Die *Ergebniskrise* ist durch eine allgemeine Verschlechterung der finanziellen Ergebnissituation gekennzeichnet. Das bezieht sich unter anderem auf eine Schrumpfung der Umsatzzahlen, sinkende Renditen und ein verminderter Liquiditätsstandard. Darüber hinaus graben Gewinneinbußen bzw. Verluste das Eigenkapital ab und zehren in diesem Zusammenhang von der Substanz des Unternehmens. Aus der Perspektive der Shareholder handelt es sich dabei um eine deutliche Wertvernichtung. Bei einer anhaltenden Entwicklung kann dies außerdem zu einer bilanziellen Überschuldung sowie einer sinkenden Bonität führen. Vor diesem Hintergrund ist zu beobachten, dass Stakeholder, wie beispielsweise Kunden, Lieferanten oder Banken sukzessive das Vertrauen sowohl in das Unternehmen als auch in die Führungsriege verlieren. Daher versuchen viele Unternehmen die Schieflage des Unternehmens durch ein sogenanntes Window-Dressing – also kurzfristige Programme für eine oberflächlich gesunde Darstellung des Unternehmens – solange zu vertuschen, bis zum Beispiel Publizitätspflichten eine Veröffentlichung der Lage unausweichlich machen, statt durch funktionale und nachhaltige Sanierungsmaßnahmen die Krise wirksam zu bekämpfen. Die *Liquiditätskrise* ist durch ein Unvermögen der betroffenen Unternehmen gekennzeichnet, kurzfristigen Zahlungsverpflichtungen nachkommen zu können. Durch das Versäumnis, frühzeitig entsprechende Maßnahmen zu ergreifen, ist in dieser Phase meist das Eigenkapital nahezu vollständig aufgebraucht und die eingefahrenen Verluste immens. Darüber hinaus können einstige Erfolgsfaktoren – sofern sie noch Bestandteil des Unternehmens sind und nicht bereits veräußert wurden – keine Wirkung mehr entfalten. Am Ende dieser Phase steht zumeist die *Insolvenz* des Unternehmens, also die vollständige Zahlungsunfähigkeit und Überschuldung. Grundsätzlich ist anzumerken, dass die Phasen von Unternehmenskrisen nicht zwingend in chronologischer Reihenfolgen durchlaufen werden müssen. Folgt man diesem Phasenverlauf und den damit einhergehenden Fortschritt der Krise, kann konstatiert werden, dass parallel der Erfolg des Unternehmens, der Handlungsspielraum sowie die Sanierungsfähigkeit abnehmen. Es zeigen sich immer mehr Symptome auf der Oberflächenstruktur, wohingegen die Ursachen für den Misserfolg des Unternehmens vornehmlich in der Tiefenstruktur liegen und – neben der Symptombearbeitung – teilweise die größten Herausforderungen im Change Management darstellen (vgl. Brunke/Klein (2012), S. 50f.; Crone (2012), S. 10; Lützenrath et al. (2006), S. 3ff.; Müller (1986), S. 56).

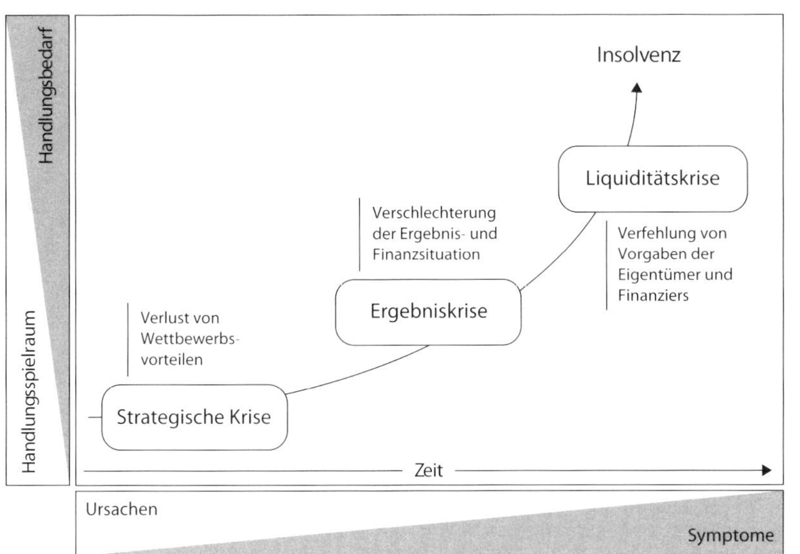

Abb. 45: Krisenerkennung und -bewältigung (Quelle: In Anlehnung an Brunke/Klein (2012), S. 52)

Insolvenz vs. Revitalisierung

Wie bereits im vorgestellten Abschnitt gezeigt, unterliegen Unternehmenskrisen einem archetypischen Verlaufsmuster, der zwar nicht zwingend repräsentativ auf alle Unternehmenskrisen in der Praxis anwendbar ist, aber im Gros dennoch einen grundsätzlichen Charakter aufweist. Moldenhauer (2012) zeichnet analog diesen Krisenverlauf entlang den Achsen Performance und Unternehmenssituation (vertikal) sowie des zeitlichen Krisenverlaufs (horizontal). Er konstatiert, dass die klassische Restrukturierung vor dem Hintergrund der Existenzsicherung in der Ergebnisphase beginnt. Während die erforderlichen Gegenmaßnahmen im Bereich der strategischen Krise vornehmlich auf präventive Programme und unternehmensweite Leistungsverbesserungen mit einem eher langfristigen Zeithorizont zielen, sind ab der Phase der Ergebniskrise in zunehmenden Maße unmittelbar ergebniswirksame Restrukturierungsmaßnahmen zum Unternehmenserhalt notwendig. Ist die Unternehmenskrise schon so weit fortgeschritten, dass dem betroffenen Unternehmen sowohl eine Überschuldung als auch Zahlungsunfähigkeit attestiert werden muss, ergeben sich grundsätzlich zwei alternative entscheidungsbedürftige Pfade. Fraglich ist, ob das Unternehmen einerseits in ein Insolvenzverfahren geführt werden soll, oder ob andererseits eine Revitalisierung unter Einsatz eines Insolvenzverwalters möglich ist. In dieses Entscheidungskalkül werden verschiedene Faktoren eingebunden, die im Wesentlichen auf die Beantwortung von zwei essentiellen Fragen abzielen: Ist das Unternehmen sanierungswürdig? Ist das Unternehmen sanierungsfähig? Die Sanierungswürdigkeit des Unternehmens kann unter anderem aufgrund steuerlicher Aspekte, gesellschaftlicher Verantwortung oder arbeitsmarktpolitischer Gesichtspunkte begründet werden. Im Bereich der Sanierungsfähigkeit muss das Unternehmen hinsichtlich einer möglichen Wiedererlangung der nachhaltigen wirtschaftlichen Basis untersucht werden. Dies kann unter anderem dann unterstellt werden, wenn sowohl die Krisenursachen identifiziert und entsprechende Maßnahmen zu deren Beseitigung ergriffen werden können als auch finanzseitig der Ertragswert im Falle der Fortführung des Unternehmens den Liquidationswert übersteigt (vgl. Lützenrath et al. (2006), S. 61f.; Moldenhauer (2012), S. 109ff.).

Abb. 46: Krisenverlauf und Krisenstadien (Quelle: In Anlehnung an Moldenhauer (2012), S. 109)

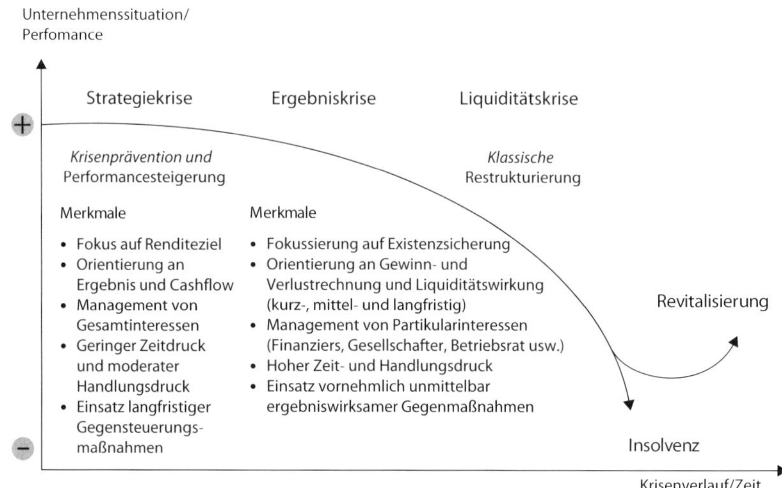

Latente und akute Krisen

Vor dem Hintergrund der oben dargestellten typischen Phasen von Unternehmenskrisen können sowohl die latenten Krisen als auch die akuten Krisen unterschieden werden. *Latente Krisen* deuten sich relativ frühzeitig vor allem über schwache Signale an. Diese Störgeräusche rühren beispielsweise von einer dysfunktionalen Unternehmenskultur, mangelnden Motivation seitens des Managements, dauerhaften Stagnation der Produktlinien oder vom reduzierten Markenwert in der Wahrnehmung der Kunden. Solche Störgeräusche im Bereich der weichen Faktoren werden sowohl von Investoren als auch von Mitarbeitern wahrgenommen, die in letzter Konsequenz das Unternehmen verlassen könnten. Damit gehen nicht nur wertvolle Mitarbeiter samt ihren Erfahrungen und Wissensbeständen verloren; neue Investoren, die im wertschätzenden Umgang mit vorhandenen Mitarbeitern noch Steigerungspotenzial haben, verursachen in der Belegschaft zudem für Irritationen. Um negative Folgen zu vermeiden ist es daher wichtig, auf Störgeräusche im Unternehmen zu achten und keinen Automatismus in der Zuschreibung von Störungen in der Unternehmensumwelt zuzulassen. Grundsätzlich führen erste Störgeräusche, die zunächst nur weiche Faktoren betreffen, zu einer sinkenden Kapitalrendite und weiter – im Bereich der *akuten Krisen* – zu einem Substanzverzehr des Unternehmens. In diesem Stadium werden unter anderem stille Reserven aufgelöst, Grundstücke verkauft und Kerngeschäfte abgespalten. Diese Maßnahmen dienen vornehmlich der Kapitalbeschaffung, um neue Projekte zu realisieren, die das jeweilige Unternehmen aus der Krise befreien sollen. Sind diese Projekte nur begrenzt sinnvoll, rutschen Unternehmen – trotz ihrer Zukunftsinvestition – nach einer gewissen Zeit in die Liquiditätskrise. Diese kann dann die komplette Zerschlagung des Unternehmens zur Folge haben (vgl. Crone (2012), S. 9f.).

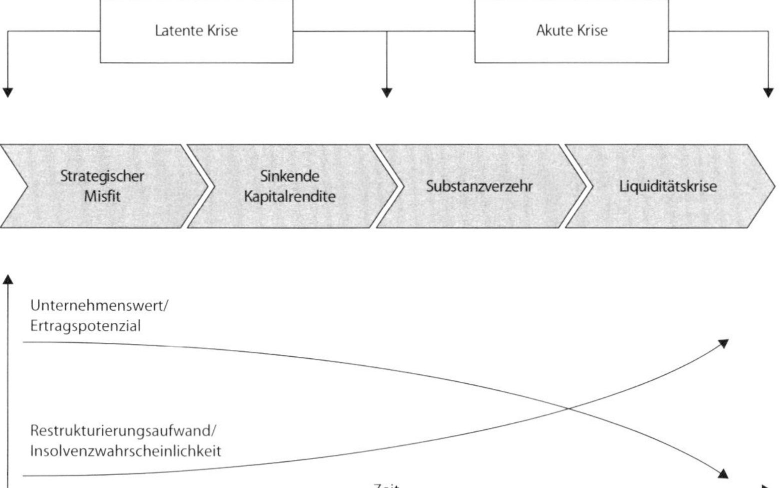

Abb. 47: Verlauf einer Unternehmenskrise (Quelle: In Anlehnung an Crone (2012), S. 9)

Krisenbezogene Arten von Maßnahmen

Maßnahmen, die im Zuge des betriebswirtschaftlichen Change Managements ergriffen werden, können rein *finanzgetrieben* sein und in diesem Zusammenhang auf eine Veränderung bzw. Verbesserung der Finanz- und Ergebnissituation des Unternehmens unter anderem durch eine Überprüfung der möglichen Finanzierungsoptionen abzielen. Des Weiteren können diese Maßnahmen *ergebnisgetrieben* sein und vor diesem Hintergrund vor allem Marktanteile und die Kundenzufriedenheit fokussieren. Darüber hinaus sind auch *strategiegetriebene* Maßnahmen, die vornehmlich Personal- und Führungsentscheidungen betreffen, im allgemeinen Handlungsportfolio von Unternehmen verankert. Wenn eine Liquiditätskrise immanent ist, besteht grundsätzlich nur noch die Möglichkeit das Unternehmen auf der finanziellen Ebene zu retten. Zunächst geht es darum, die Liquidität des Unternehmens kurzfristig zu sichern. Das geschieht zum Beispiel mit sogenannten Notfallplänen, durch intensives Forderungsmanagement, eine angepasste Preispolitik in Form von Nachlässen oder höheren Preisen, Skontovereinbarungen oder Kreditaufnahmen und Umschuldungen. Die dominante Logik dieser Phase ist es, nicht in bilanziellen Größen wie Erträgen und Aufwendungen zu denken, sondern in Ein- und Auszahlungen, da in dieser Situation nur der Liquiditätsstatus zählt. Im Anschluss an das Gelingen der finanziellen Maßnahmen ist es essentiell, das Unternehmen strategisch wieder neu aufzustellen. Die nachfolgende Abbildung zeigt die Zuordnung von finanzorientierten, ergebnisorientierten und strategischen Maßnahmen zu den jeweiligen Phasen des archetypischen Krisenverlaufs und markiert in der Gegenüberstellung das Feld des zugrundeliegenden Maßnahmenbündels.

Abb. 48: Krisenbezogene Maßnahmen

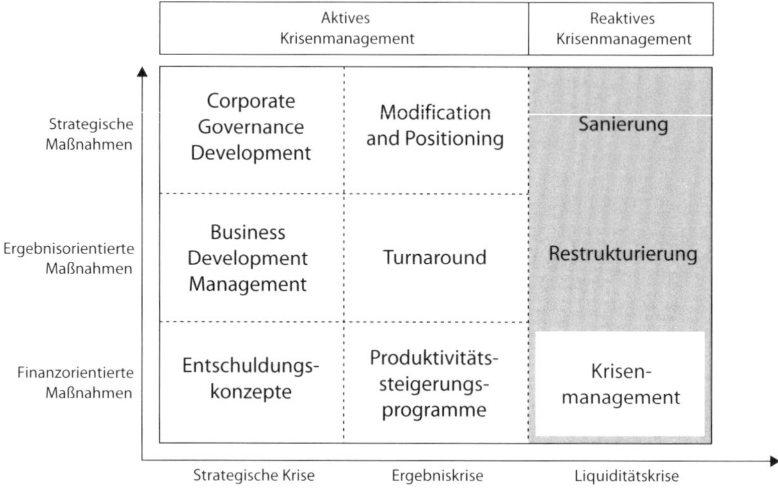

Ökonomische Krisenevolutionskette

Das Krisenverlaufsmodell nach Schmidt-Gothan (2008) folgt grundsätzlich dem Kausalitätsprinzip zwischen den einzelnen Elementen der Krise. Er proklamiert, dass die ausschließliche Bearbeitung von offensichtlichen Symptomen – vor allem im finanziellen Bereich – für eine dauerhafte Sicherung des Unternehmens nicht zielführend ist, sondern vielmehr an den entsprechenden vorgelagerten Ursachen angesetzt werden muss. Die sogenannte ökonomische Krisenevolutionskette umfasst sechs Elemente: strategische Krise, Umsatzkrise, Kosten- und Kapazitätskrise, Ergebniskrise, Liquiditäts- und Bilanzkrise sowie die übergreifende Führungskrise. *Strategische Krisen* beziehen sich auf eine unzureichende Positionierung des Unternehmens und den Verlust von komparativen Konkurrenzvorteilen. Wenn Unternehmen keine Gegenmaßnahmen einleiten, können daraus *Umsatzkrisen* entstehen, die sich vornehmlich in einem Umsatzrückgang niederschlagen. Bei einer mangelhaften Anpassung der Unternehmensressourcen können *Kosten- und Kapazitätskrisen* immanent werden, die sich insbesondere durch die Ineffizienzen und Ineffektivitäten im unternehmerischen Leistungserstellungsprozess auszeichnen. Werden diese Missstände nicht behoben, droht dem Unternehmen eine *Ergebniskrise*, die sich vor allem in einer Diskrepanz zwischen Umsatz und Kosten äußert. Ohne die Ergreifung geeigneter Gegenmaßnahmen führt dieses Stadium direkt in eine *Liquiditäts- und Bilanzkrise* und durch die dieser Phase inhärente Kapitalaufzehrung in letzter Konsequenz in die Insolvenz. Die *Führungskrise* flankiert das Kausalitätsmodell entlang des gesamten Pfades. Damit betont Schmidt-Gothan (2008) einerseits die mögliche Urheberschaft der gesamten Krise durch falsche unternehmerische Entscheidungen und macht andererseits deutlich, dass in sämtlichen Phasen ebenfalls Entscheidungen getroffen werden, die entweder eine Krise befördern oder abmildern können (vgl. Schmidt-Gothan (2008), S. 31f.). Die nachfolgende Übersicht zeigt das Krisenverlaufsmodell und besetzt die einzelnen Elemente mit Maßnahmenbündel auf Grundlage des Ampelprinzips. Das typische Change Management (Ampelphase: grün) kommt dann zum Einsatz, wenn sich eine Strategie- und Führungskrise andeutet und die Situation nicht unmittelbar liquiditätswirksame Maßnahmen erfordert. Führungskräfte und Entscheider werden hier vor allem durch externe Berater gecoacht, trainiert und psychologisch bearbeitet. Wird dies versäumt droht ein Turnaround-Management (Ampelphase: gelb); eine unmittelbare und direkte Intervention in den entsprechenden Leistungsprozessen, um den Liquiditätsstatus nicht zu gefährden. Wird auch dieses unterschlagen, kommt zur Existenzsicherung des Unternehmens nur noch ein hartes Sanierungsmanagement (Ampelphase: rot) in Frage. Grundsätzlich werden die Bereiche für die Aufnahme von Gegenmaßnahmen priorisiert, die sich in der roten Ampelphase befinden.

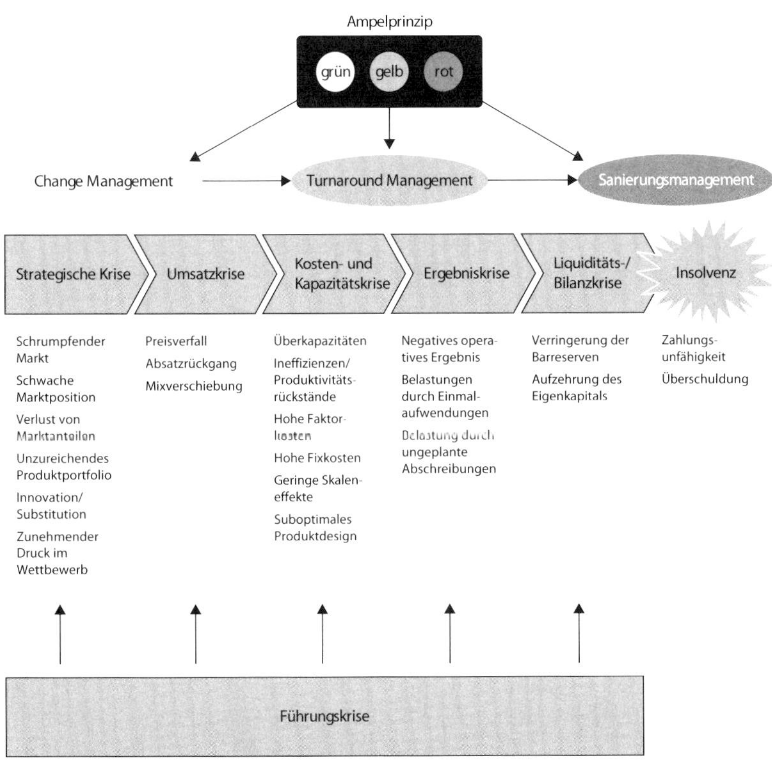

Abb. 49: Krisenverlaufsmodell (Quelle: In Anlehnung an Schmidt-Gothan (2008), S. 32)

Auf Grundlage der gezeigten ökonomischen Krisenevolutionskette konnte Schmidt-Gothan (2008) in empirischen Untersuchungen zu den

Empirische Befunde zu Ursachen von Unternehmenskrisen

Ursachen von Unternehmenskrisen im organisatorisch-behavioristischen Feld, das starke Parallel zur oben dargestellten Führungskrise aufweist, einen linearen Korrelationspfad nachweisen, der – angereichert mit der Ampellogik – in der nachfolgenden Abbildung dargestellt ist (vgl. Schmidt-Gothan (2008), S. 33).

Abb. 50: Ursachen von Unternehmenskrisen (Quelle: In Anlehnung an Schmidt-Gothan (2008), S. 33)

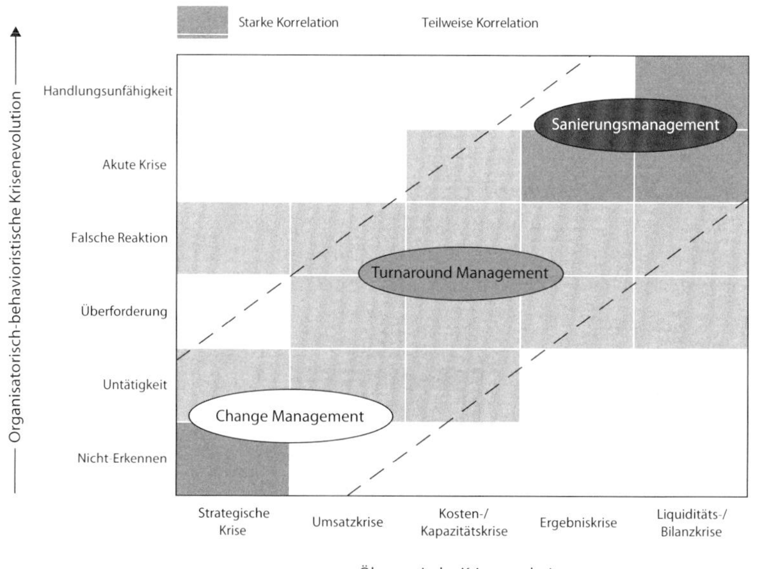

Sanierungs- und Restrukturierungscube

Im Rahmen des multifokalen Sanierungsmanagements wird eine »ausgewogene Balance zwischen kurzfristigen operativen Verbesserungen und nachhaltigen Strategiemaßnahmen« (Schmidt-Gothan (2008), S. 93) angestrebt. Aus der Gegenüberstellung der ökonomischen Krisenevolutionskette und den idealtypischen Phasen im Wertsteigerungsmanagement lassen sich verschiedene Maßnahmen zur Bewältigung von krisenhaften Situationen ableiten. Allerdings sind in diesem Konstrukt die Kompetenzen zur Bewältigung von Unternehmenskrisen undifferenziert dargestellt. Für eine umfangreiche Analyse und im Hinblick der Generierung konkreter Aussagen zu Gegenmaßnahmen ist die Ergänzung einer dritten Dimension unerlässlich. Diese umfasst notwendige Fähigkeiten auf drei Ebenen: leistungswirtschaftliche Fähigkeiten, organisatorische Fähigkeiten und strategische Fähigkeiten. *Leistungswirtschaftliche Fähigkeiten* beinhalten unter anderem die Fähigkeit zur Umsatzsteigerung, Kapitalanpassung und Produktivitätssteigerung. Zu den *organisatorischen Fähigkeiten* zählen beispielsweise die Manipulation der Aufbau- und Ablauforganisation, die Anpassung von Spielregeln und Maximen sowie die Errichtung von entsprechenden Kommunikationsinfrastrukturen. Im Zentrum der *strategischen Fähigkeiten* steht das Potenzial des Unternehmens, neue Ziele zu entwickeln, realistisch zu planen und die Bereitschaft zur unternehmensweiten Umsetzung zu fördern, um das Unternehmen aus der Krise herauszuführen. Der Sanierungs- und Restrukturierungscube ist das Produkt der Integration der drei Dimensionen. Es ist zu konstatieren, dass in der Phase der *kurzfristigen Stabilisierung*, die im Allgemeinen entweder eine akute Liquiditätskrise oder den Ausfall einer Führungskraft umfasst, vornehmlich auf Maßnahmen im Bereich des Forderungsmanagements, des Personalersatzes bzw. -austauschs und eine umfängliche Stakeholder-Kommunikation abgestellt wird. In der Phase der *operativen Sanierung* werden vor allem Programme fokussiert, die auf eine einschlägige Verbesserung der unternehmerischen Ergebnisse abzielen. Die Maßnahmen in dieser Phase umfassen Kosten-, Umsatz- sowie Ergebnisaspekte und erstrecken sich hauptsächlich von der Umsatz- bis zur Liquiditätskrise. Sie beinhalten unter anderem systematische Umsatz- und Produktivitätssteigerungsprogramme sowie ebenfalls Maßnahmen im Bereich des Forderungsmanagements. Das *strategische Wertmanagement* bezieht sich insbesondere auf frühere Elemente in der ökonomischen Krisenevolutionskette. Abseits von akuten ergebnis- oder liquiditätsgefährdenden Krisen fokussiert diese Bewältigungsphase strategische Kosten- und Umsatzbereiche und umfasst in diesem Zusammenhang unter anderem Veränderungen in der Kapitalstruktur sowie der Geschäftsarchitektur, die Entwicklung von Fähigkeiten und die Neuausrichtung des Unternehmens hinsichtlich neuer Leitmaximen und angepasster Strategien. Grundsätzlich muss festgehalten werden, dass mit einem zunehmenden Handlungsdruck für das Unternehmen, der Härtegrad der Ziele, Methoden und Maßnahmen in der Restrukturierung ansteigt (vgl. Schmidt-Gothan (2008), S. 93ff.).

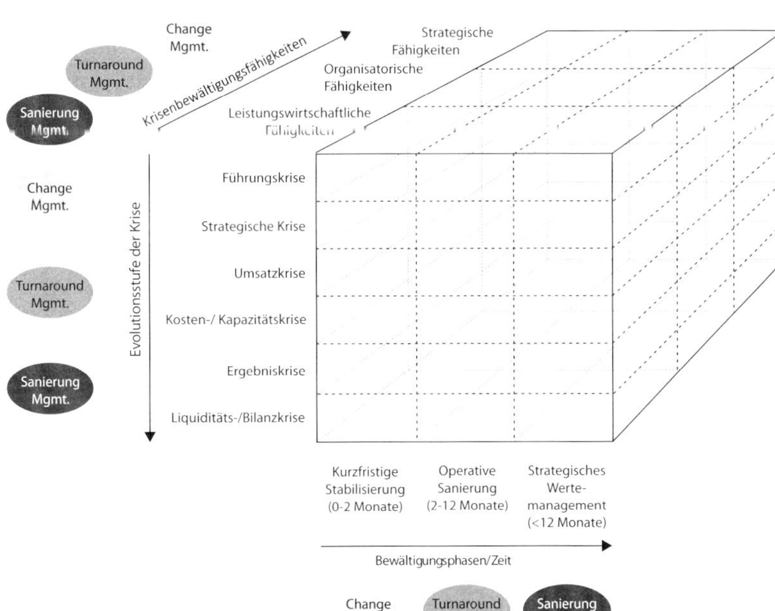

Abb. 51: Optionen und Gestaltungsfelder des Restrukturierungsmanagements (Quelle: In Anlehnung an Schmidt-Gothan (2008), S. 97)

Erfolgsfaktoren für die Sanierung

Auf Basis praktischer Evidenzen, einer Vielzahl analysierter Sanierungsfälle und der Expertise von Droege International kristallisieren sich einige zentrale Erfolgsfaktoren auf der operativen Entscheidungsebene heraus. Wie in der nachfolgenden Abbildung dargestellt, handelt es sich dabei um die Errichtung eines zentralen Projektbüros, die Erarbeitung eines straffen Sanierungsplans, den Aufbau von Informationsinfrastrukturen für eine zeitnahe Kommunikation mit entsprechenden Stakeholdern sowie die Verankerung eines belastbaren Umsetzungscontrollings.

Abb. 52: Erfolgsfaktoren für Sanierungsprojekte (Quelle: Eigene Darstellung in Anlehnung an Droege International)

Liquiditätssteuerung

Darüber hinaus empfiehlt sich ein Drei-Säulen-Plan für die Liquiditätssteuerung bei Krisenprojekten, der sowohl Shareholder- und Stakeholderinteressen berücksichtigt als auch relevante Player, wie beispielsweise Banken und Versicherungen, externe Beratungsunternehmen und die Position des Chief Financial Officers integriert. Die *erste Säule* fokussiert die gemeinsame Liquiditätsplanung durch den Chief Financial Officer mit einem externen Beratungsunternehmen zur Festlegung des mittel- und langfristigen Kapitalbedarfs. Die *zweite Säule* befasst sich im Kern mit der Liquiditätssicherung durch Banken und Versicherungen hinsichtlich der Einrichtung getrennter Sonderlinien für Kreditrahmen. Die *dritte Säule* bezieht sich auf eine beratergestützte Zuweisung und Festlegung von Zusatzlinien und zielt im Ergebnis auf einen transparenten Verwendungsnachweis für Banken. In der folgenden Aufstellung sind die Säulen samt repräsentativer Einzelmaßnahmen dargestellt.

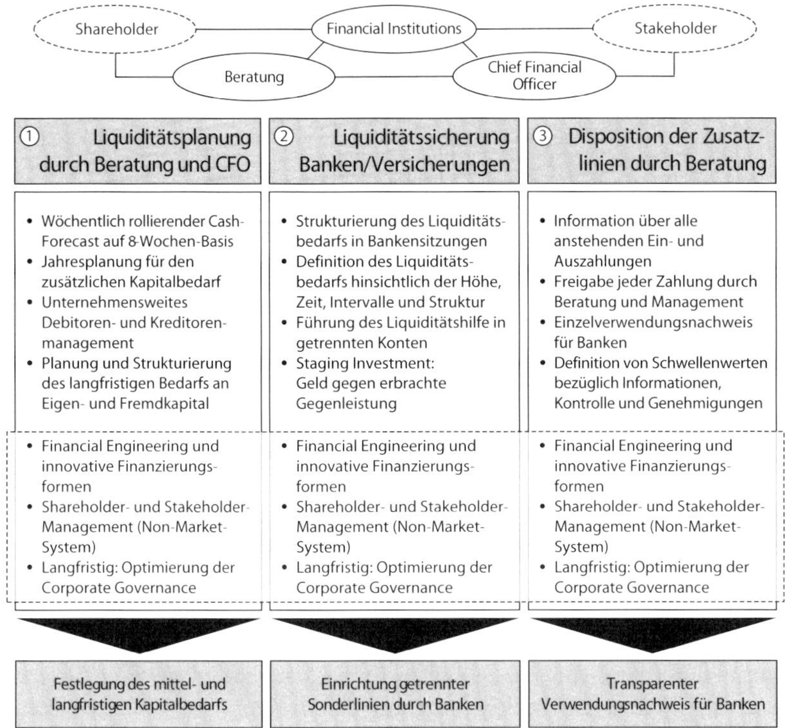

Abb. 53: Liquiditätssteuerung bei Krisenprojekten (Quelle: Eigene Darstellung in Anlehnung an Droege International)

Top-Down- und Bottom-Up-Impulse im Veränderungsmanagement

Im Change Management können Impulse für einen Wandel sowohl vom Topmanagement (Top-Down) als auch von der Personalbasis (Bottom-Up) ausgehen. Während die Initialbeiträge unter anderem im Bereich der Reorganisation bzw. des Turnarounds vornehmlich im Topmanagement verankert sind, werden mitarbeiterseitige Veränderungsimpulse unter anderem durch Empowerment-Praktiken oder auch durch das Konzept der Lernenden Organisation von der Basis aus vorbereitet. Eine strikte Trennung von Top-Down- und Bottom-Up-Ansätzen ist jedoch nahezu ausgeschlossen, da weder Personalbasis noch Topmanagement in einem isolierten Raum agieren. Demzufolge kann hier von einem graduellen Prinzip gesprochen werden, das sowohl die Einflussnahme durch das Topmanagement als auch der Mitarbeiter in jeweils unterschiedlicher Dominanz proklamiert. Am stärksten wird dieser Zusammenhang im Bereich der Post Merger Integration, also dem Zusammenschluss bzw. der Fusion von Unternehmen deutlich. Hier werden im Rahmen des Veränderungsmanagements harte Faktoren, die vornehmlich die architektonische Grundstruktur des Unternehmens mit weichen Faktoren, die insbesondere die Zusammenführung von unternehmenskulturellen Aspekten umfassen, zusammengeführt. Diese einschneidende Veränderung berührt gleichermaßen das Topmanagement und die Personalbasis und erfordert ein erhebliches Maß an Anstrengungen und Beiträgen.

Abb. 54:
Tools und Techniken des Veränderungsmanagements

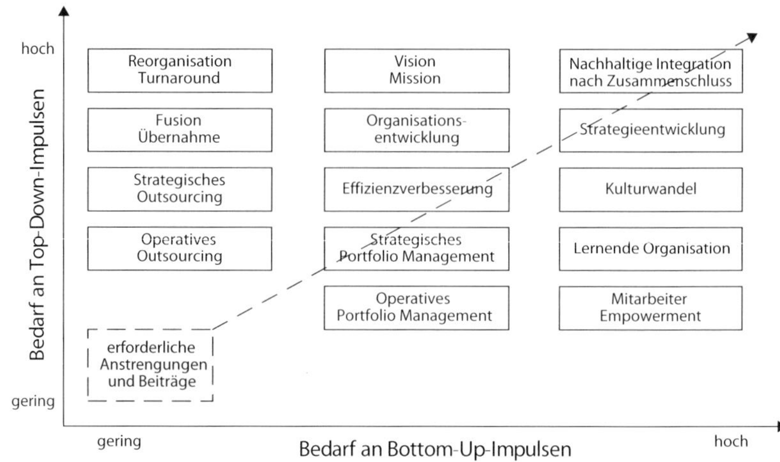

Nachhaltigkeit und Reichweite

Maßnahmen im Veränderungsmanagement können in einer Matrix hinsichtlich der Nachhaltigkeit auf der einen Seite und bezüglich der Reichweite auf der anderen Seite differenziert werden. Die *Nachhaltigkeit* der Veränderungsmaßnahmen reicht von der Umgestaltung von Prozessen (geringe Nachhaltigkeit), über Strukturen und Verhalten bis zur Veränderung von Einstellungen (hohe Nachhaltigkeit). Die Dimension der *Reichweite* bezieht sich auf den Akteurs- bzw. Betroffenenkreis und prägt sich entlang der Dimension, beginnend von wenigen einzelnen Personen, über einige und viele Personen, bis hin zu allen Personen im strategischen Geschäftsfeld, Unternehmen oder Netzwerk aus. Wenn man nachhaltige Veränderungen in einem Unternehmen erreichen möchte, dann stellen sich folgende Fragen: Was sind die Ansatzpunkte? Sollen die Maßnahmen eher isoliert oder holistisch sein? Die Grundaussage der folgenden Gegenüberstellung lautet: Nachhaltige Veränderungen können nur dann erreicht werden, wenn nicht ausschließlich Prozesse, beispielsweise im Rahmen einer Business Process Restructuring-Maßnahme fokussiert, sondern auch die entsprechenden Strukturen hinterfragt sowie in der Tiefenstruktur das Verhalten und die Einstellungen verändert werden.

Nachhaltigkeit \ Reichweite	wenige	einige	viele	alle
Einstellungen	Coaching Globale Projekte Persönlichkeitsentwicklung	Workshops auf Metaebene Gruppenbildung	Großformatige Zukunftskonferenz Großformatige Kundenkonferenz	Corporate Transformation Design School/ Thinking Symbolische Führung
Verhalten	Face-to-face Befragungen Externes Verhaltenstraining	Multiplikatorenworkshops Vorstandsbesuche Erfahrungsworkshops Klausurtagung	Workshopkaskade Prozessberatung	Strategiekonferenz Rituale, Zeremonien, Feierlichkeiten BSC/TA-Systeme CIP
Strukturen	Consulting	Beteiligungsworkshop Befragungen Sounding Board		Mitarbeiterbefragungen
Prozesse	Externe Spezialistenseminare	Verbesserungsprogramme	Informationsveranstaltung Umsetzungsworkshops Mediennutzung	Vereinbarungen Intranet

Abb. 55: Ebenen und Ansatzpunkte des Veränderungsmanagements

Gründe für Unternehmenskrisen

Für den Niedergang von Unternehmen können zahlreiche Gründe genannt werden. In diesem Zusammenhang ist es wichtig, die Ursachen von den augenscheinlichen Symptomen zu differenzieren. Krystek (1987) konnte in intensiven Recherchen in einschlägigen Literaturquellen Myriaden von Krisenursachen identifizieren und in diesem Zusammenhang auch deren teilweise sehr hohe Komplexität feststellen. Neumann (2004) hat vier zentrale Merkmale von Krisenursachen ausgemacht: Erstens, die *Multikausalität* bezieht sich auf das Zusammenwirken mehrerer krisenverursachender Faktoren; zweitens, die *Mehrstufigkeit* fokussiert die Parallelisierung und Sequenzierung von verschiedenen Krisen in unterschiedlichen Entwicklungsebenen; drittens, die *Multilokalität* verweist auf gleichermaßen interne und externe Entstehungsorte von Krisen und viertens, die *Multitemporalität*, die auf die unterschiedlichen Geschwindigkeiten im Phasenverlauf von Krisen abstellt (vgl. Krystek (1987), S. 67f.; Neumann (2004), S. 71; Schmidt-Gothan (2008), S. 11). Die nachfolgende Übersicht zeigt verschiedene Ursachen von Krisen, die mit entsprechenden Maßnahmen aus dem Repertoire des Change Managements, Turnaround Managements oder Krisenmanagements behandelt werden können.

Abb. 56: Gründe für den Niedergang von Unternehmen

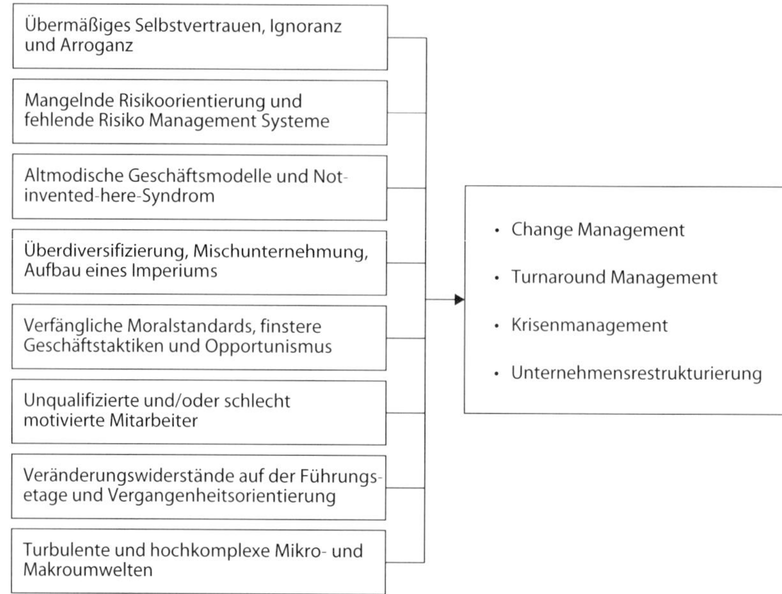

Ansatzpunkte des Change Managements

Die folgende Übersicht fasst die Handlungsfelder des Change Managements überblicksartig zusammen. An dieser Stelle wird noch einmal sowohl der flexible Einsatz dieses Instrumentariums deutlich gemacht als auch der übergreifende und integrative Charakter herausgestellt.

Abb. 57: Säulen des Change Managements

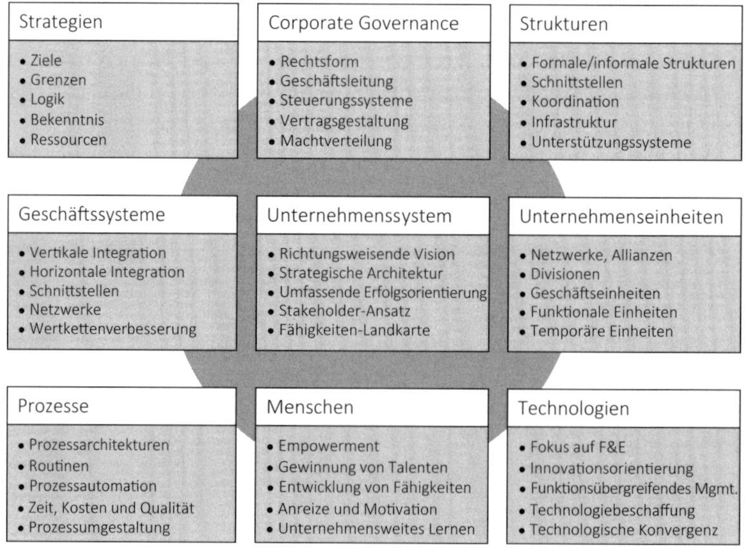

3.2 Change Management in a Nutshell

Ausgangpunkt des Change Managements sollte regelmäßig die Strategie und Unternehmenspolitik sein. In diesem Zusammenhang wird die Strategie vornehmlich auf drei Ebenen heruntergebrochen.

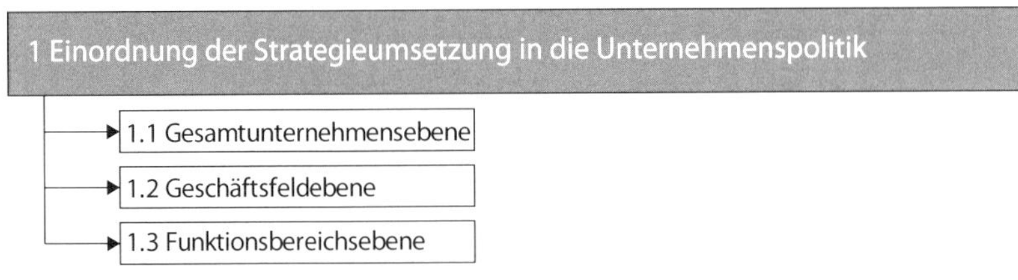

Abb. 58: Einordnung der Strategieumsetzung in die Unternehmenspolitik

Im Anschluss erfolgt die Klärung der Entscheidungstatbestände im Rahmen der Strategieumsetzung.

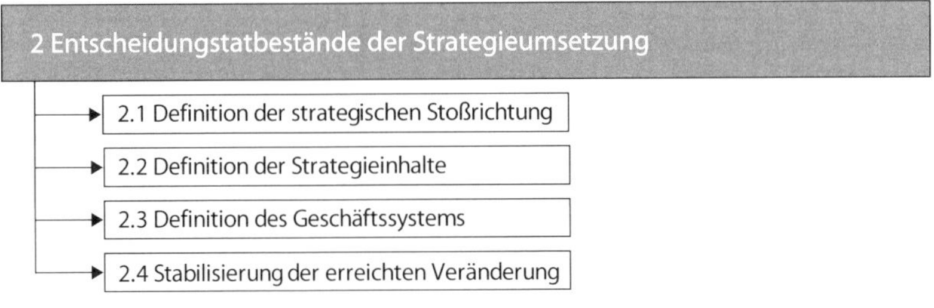

Abb. 59: Entscheidungstatbestände der Strategieumsetzung

Nachfolgend wird das traditionelle Phasenmodell eines Strategieprojektes aufgezeigt. Es handelt sich dabei um ein grundsätzliches Vorgehensmodell zur strategischen Konzeptionierung und Operationalisierung. In diesem Zusammenhang ist zu konstatieren, dass auch Öffnungsklauseln in den Strategieprozess eingebunden werden sollten, da volatile Umweltbedingungen konzeptionelle Anpassungen erfordern können. Strategien unterliegen einem evolutorischen Prozess, in dem sich stets Veränderungen und Iterationsschleifen ergeben können. Sind Strategien starr und unveränderbar angelegt, können Veränderungsvorhaben zwar effizient umgesetzt, aber – aufgrund veränderter Prämissen – nicht mehr zielwirksam sein.

Abb. 60: Traditionelles Phasenmodell eines Strategieprojekts

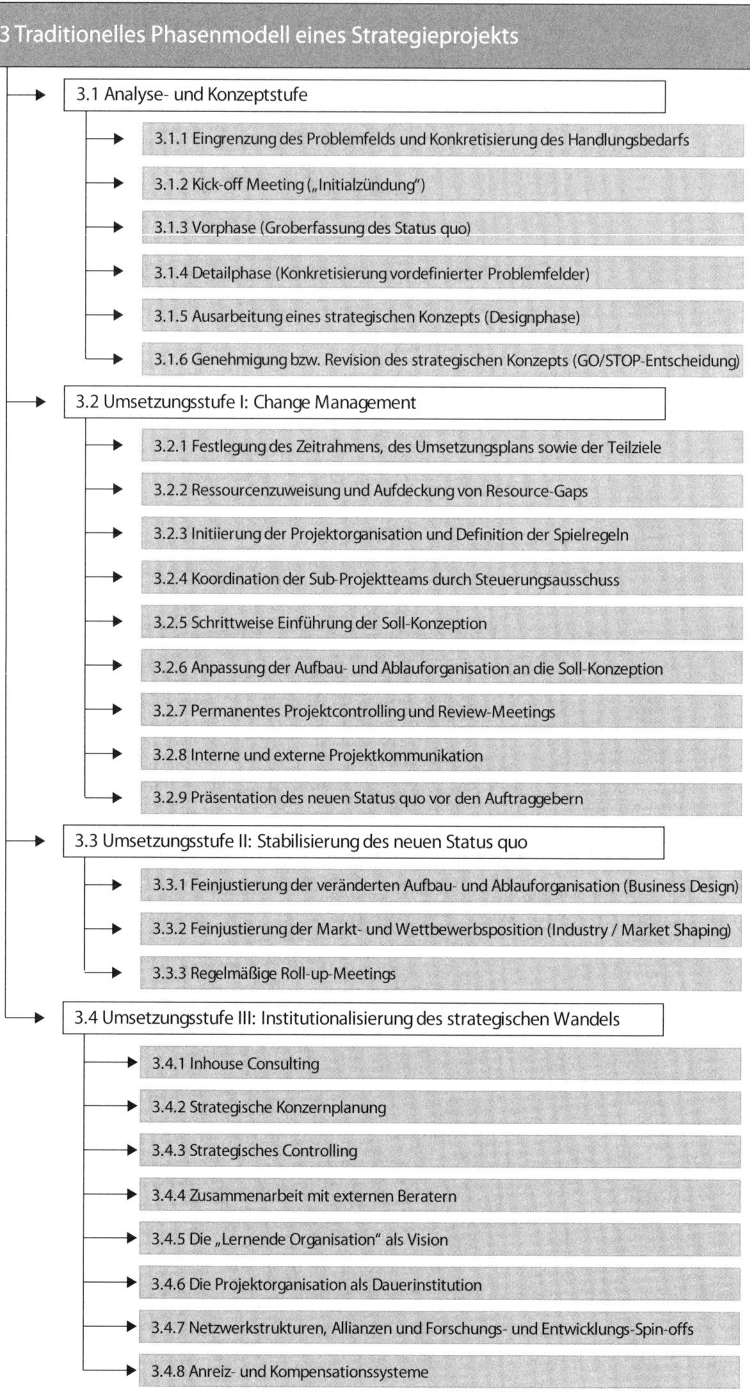

Um Veränderungsvorhaben zum Erfolg zu führen, ist es essentiell sich im Vorfeld zur grundsätzlichen Richtung bzw. zum globalen Zielsystem zu verständigen und in diesem Zusammenhang die Aktionsfelder der Veränderung zu identifizieren und zu präzisieren. Nachfolgend werden verschiedene Aktionsfelder zur Strategiewahl und -umsetzung vorgestellt.

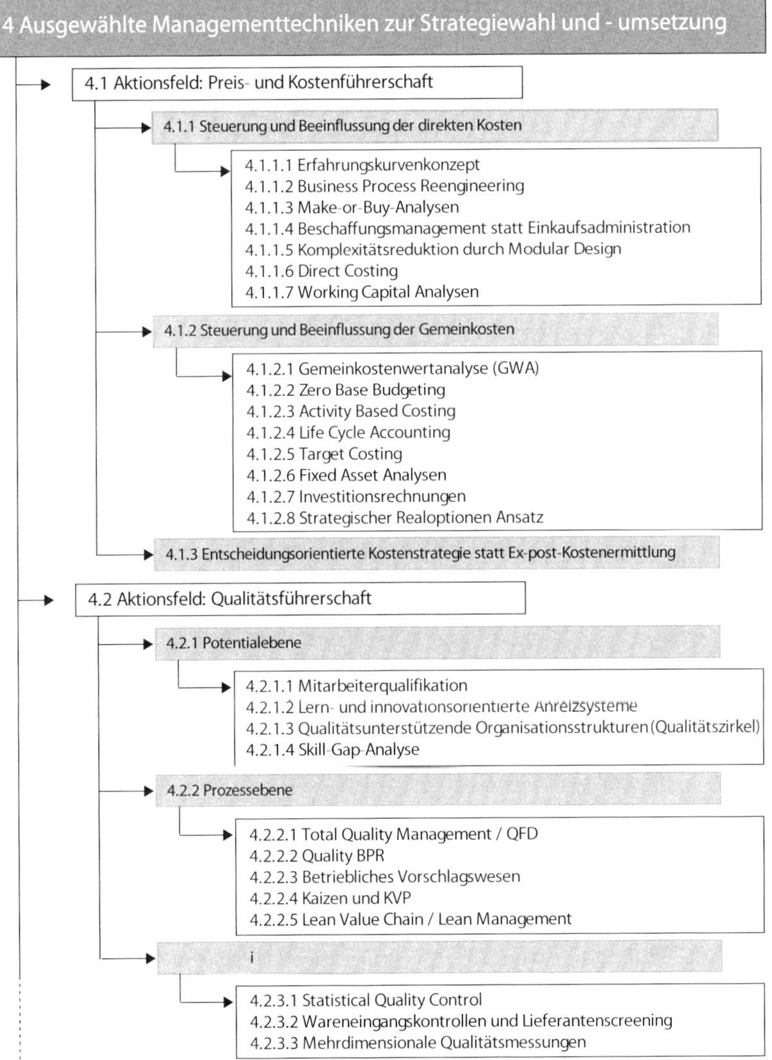

Abb. 61: Ausgewählte Managementtechniken zur Strategiewahl und -umsetzung 1/2

Abb. 62: Ausgewählte Managementtechniken zur Strategiewahl und -umsetzung 2/2

- 4.3 Aktionsfeld: Flexibilitäts- und Serviceführerschaft
  - 4.3.1 Mass Customization
  - 4.3.2 Modulare Wertschöpfung(snetzwerke) und Managementinformationssysteme
  - 4.3.3 Institutionalisierung einer internen und externen Kundenorientierung
  - 4.3.4 Temporäre Organisationsformen
- 4.4 Aktionsfeld: Innovations- und Zeitführerschaft
  - 4.4.1 Zeitmanagement
    - 4.4.1.1 Time Reengineering und Schnittstellenmanagement
    - 4.4.1.2 Parallelisierung der Produktentwicklung (Simultaneous Engineering)
    - 4.4.1.3 Projekt- und Prozessorganisation statt Hierarchielösung
    - 4.4.1.4 Differenziertes Zeitcontrolling
  - 4.4.2 Innovationsmanagement
    - 4.4.2.1 Verfahren zur Gewinnung von Innovationsimpulsen
    - 4.4.2.2 Ideenscreening, Wirtschaftlichkeitsanalysen, Feasibility-Studien
    - 4.4.2.3 Testverfahren
    - 4.4.2.4 Lead Customer Ansatz
    - 4.4.2.5 Strategisches und operatives FuE- und Innovationscontrolling
    - 4.4.2.6 Alternative Innovationsregime
    - 4.4.2.7 Redesign von Geschäftssystemen und Prozessen mittels BPR
- 4.5 Aktionsfeld: Hyperwettbewerb
  - 4.5.1 Beherrschung mehrerer Wettbewerbsdisziplinen (Outpacing)
  - 4.5.2 Dominanz temporärer Wettbewerbsvorteile
  - 4.5.3 Antizipation und Steuerung strategischer Eskalationsleitern
  - 4.5.4 Strategic Conflict-Ansatz, Competitive Signaling, Wargaming
  - 4.5.5 Pluralität strategischer und taktischer Schachzüge
  - 4.5.6 Tool-Box für den Hyperwettbewerb
  - 4.5.7 Balanced Scorecard als Steuerungsinstrument

Im Rahmen der Strategieumsetzung können verschiedene Erfolgsfaktoren identifiziert werden, die das Potenzial haben, den Veränderungsprozess zu befördern und Barrieren abzubauen. Die folgende Übersicht zeigt wesentliche Ansätze für eine erfolgreiche Strategieumsetzung.

Abb. 63: Erfolgsfaktoren der Strategieumsetzung

KONTROLLFRAGEN zum dritten Kapitel

1. Zeigen Sie die Merkmale von Unternehmenskrisen auf.

2. Nennen und erläutern Sie die typischen Phasen von Unternehmenskrisen. Gehen Sie hierzu auch auf Handlungsspielräume und -bedarfe sowie Ursachen und Symptome ein.

3. Unterscheiden Sie latente und akute Krisen.

4. Differenzieren Sie strategische, ergebnisorientierte und finanzorientierte Maßnahmen zur Krisenbewältigung.

5. Skizzieren Sie die ökonomische Krisenevolutionskette und erläutern Sie die einzelnen Phasen. Gehen Sie in diesem Zusammenhang auch auf die Ampellogik ein.

6. Nennen Sie Erfolgsfaktoren für Sanierungsprojekte.

7. Welche Akteure sollten im Rahmen der Liquiditätssteuerung beteiligt werden und warum?

8. Nennen Sie häufige Gründe für Unternehmenskrisen.

Literatur- und Quellenverzeichnis

Monographien

Barth, Thomas; Barth, Daniela (2008): Controlling, 2. Auflage, München.

Bea, Franz X.; Göbel, Elisabeth (2010): Organisation. Theorie und Gestaltung, 4. Auflage, Stuttgart.

Bea, Franz X.; Haas, Jürgen (2016): Strategisches Management, 9. Auflage, Konstanz u. a.

Beckhard, Richard (1969): Organization Development. Strategies and Models, Reading.

Beer, Michael (1980): Organization Change and Development, Santa Monica.

Berner, Winfried (2010): Change! 15 Fallstudien zu Sanierung, Turnaround, Prozessoptimierung, Reorganisation und Kulturveränderung, Stuttgart.

Bidjanbeg, Beate (2017): Change Monitoring in Post-Merger-Integrationen, in: Rank, Susanne; Neumann, Jan (Hrsg.): Change Monitoring in Veränderungsprozessen. Grundlagen, Methoden und Praxisbeispiele, Wiesbaden, S. 123-145.

Bleicher, Knut (2011): Das Konzept Integriertes Management. Visionen – Missionen – Programme. St. Galler Management-Konzept, 8. Auflage, Frankfurt/Main u. a.

Brealey, Richard A.; Myers, Stewart C. (2000): Principles of Corporate Finance, 6. Auflage, Boston u. a.

Burke, W. Warner (2017): Organization Change. Theory and Practice, 5. Auflage, Los Angeles.

Businessplan-Wettbewerb Berlin-Brandenburg (2015): Von der Idee zum Konzept. Das Handbuch zum Businessplan-Wettbewerb Berlin-Brandenburg 2016, Berlin.

Capgemini Consulting (2008): Change Management-Studie 2008. Business Transformation – Veränderungen erfolgreich gestalten, Offenbach am Main.

Doppler, Klaus; Lauterburg, Christoph (2014): Change Management. Den Unternehmenswandel gestalten, 13. Auflage, Frankfurt am Main.

Dudenredaktion (1997): Duden Fremdwörterbuch, 6. Auflage, Mannheim.

Ehrbar, Al (1998): EVA. The Real Key to Creating Wealth, New Jersey.

Fleck, Andree (1995): Hybride Wettbewerbsstrategie. Zur Synthese von Kosten- und Differenzierungsvorteilen, Wiesbaden.

French, Wendell L.; Bell, Cecil H. (1999): Organization Development. BehavioralScience Interventions for Organization Improvement, 6. Auflage, New Jersey.

Gerke, Wolfgang; Bank, Matthias (2003): Finanzierung. Grundlagen für Investitions- und Finanzierungsentscheidungen in Unternehmen, 2. Auflage, Stuttgart.

Gouillart, Francis J.; Kelly, James N. (1995): Gemini Consulting. Business Transformation, Wien.

Gutmann, Joachim; Schneider, Jan Ole (2014): Kennzahlen in der betrieblichen Praxis, Freiburg u. a.

Hammer, Michael; Champy, James (1994): Business Reengineering. Die Radikalkur für das Unternehmen, 4. Auflage, Frankfurt/Main.

Horváth, Péter (2003): Controlling, 9. Auflage, München.

Kaplan, Robert S.; Norton, David P. (1996b): The Balanced Scorecard. Translating Strategy in Action, Boston.

Katzy, Bernhard R.; Riggers, Bernd (1997): Value System Redesign: System oriented management and enterprise integration in globally distributed manufacturing networks, in: Goossenaerts, Jan; Wortmann, Johan C.; Kimura, Fumihiko (Hrsg.): Information Infrastructure Systems for Manufacturing, Dordrecht, S. 221-230.

Kienbaum Management Consultants (2012): Change. Points of View. Change-Management-Studie 2011-2012, Berlin.

Kostka, Claudia (2016): Change Management. Das Praxisbuch für Führungskräfte, München.

Kotter, John P. (1996): Leading Change, Boston.

Kroeber-Riel, Werner; Gröpper-Klein, Andrea (2013): Konsumentenverhalten, 10. Auflage, München.

Krüger, Wilfried (1994): Organisation der Unternehmung, 3. Auflage, Stuttgart.

Krystek, Ulrich (1987): Unternehmungskrisen. Beschreibung, Vermeidung und Bewältigung überlebenskritischer Prozesse in Unternehmungen, Wiesbaden.

Lewin, Kurt (1951): Field Theory of Social Science. Selected Theoretical Papers. New York.

Lützenrath, Christian; Peppmeier, Kai; Schuppener, Jörg (2006): Bankstrategien für Unternehmenssanierungen. Erfolgskonzepte zur Früherkennung und Krisenbewältigung, 2. Auflage, Wiesbaden.

Macharzina, Klaus; Wolf, Joachim (2010): Unternehmensführung. Das internationale Managementwissen. Konzepte – Methoden – Praxis, 7. Auflage, Wiesbaden.

Machiavelli, Niccolo (1999): Il Principe – der Fürst, Erstdruck 1532, Stuttgart.

Meisel, Klaus; Feld, Timm C. (2009): Veränderungen gestalten. Organisationsentwicklung und -beratung in Weiterbildungseinrichtungen, Münster u. a.

Müller, Rainer A. (1986): Krisenmanagement in der Unternehmung. Vorgehen, Maßnahmen und Organisation, 2. Auflage, Frankfurt/Main.

Neumann, Andreas M. (2004): Partizipative Früherkennung von Chancen und Risiken. Perspektiven und Bedingungen für neue Ansätze zur langfristigen Sicherung der Existenz von Unternehmen und ihrer Arbeitsplätze, München.

Neumann, Klaus (1996): Produktions- und Operations-Management, Berlin u. a.

Opferkuch, Thomas (2014): Sanierung von Unternehmen. Eine systematische Einführung, Wien.

Osterwalder, Alexander (2004): The Business Model Ontology. A Proposition in a Design Science Approach, Lausanne.

Perridon, Louis; Steiner, Manfred (2002): Finanzwirtschaft der Unternehmung, 11. Auflage, München u. a.

Peters, Tom (1997): The Circle of Innovation. You Can't Shrink Your Way to Greatness, New York.

Pfeffer, Jeffrey; Sutton, Robert I. (2000): The Knowing-Doing-Gap. How Smart Companies Turn Knowledge into Action, Boston.

Porter, Michael E. (1985): Competitive Advantage. Creating and Sustaining Superior Performance, London.

Posluschny, Peter; Posluschny, Myra (2006): Das Controlling-1x1, Heidelberg.

Rappaport, Alfred (1986): Creating Shareholder Value. The New Standard for Business Performance, New York u. a.

Rasche, Christoph (1994): Wettbewerbsvorteile durch Kernkompetenzen. Ein ressourcenorientierter Ansatz, Wiesbaden.

Rasche, Christoph (2002): Multifokales Management. Strategien und Unternehmenskonzepte für den pluralistischen Wettbewerb, Wiesbaden.

Rasche, Christoph (2018): Imperative des strategischen Wandels und der Unternehmenstransformation, Deutsches Institut für Beratungswissenschaften, unveröffentlichtes Arbeitspapier, Berlin.

Rasche, Christoph; Schmidt-Gothan, Hanno (2004): Die Turnaround Triade. Jenseits der reinen Kostensenkung. Advisum Turnaround Studie, München.
Rosenstiel, Lutz von (2007): Grundlagen der Organisationspsychologie, 6. Auflage, Stuttgart.
Schellenberg, Daniel J. (2006): Der Strategieprozess in der Sanierung, Hamburg.
Schmelzer, Hermann J.; Sesselmann, Wolfgang (2013): Geschäftsprozessmanagement in der Praxis. Kunden zufriedenstellen, Produktivität steigern, Wert erhöhen, 8. Auflage, München.
Schmidt-Gothan, Hanno (2008): Holistisches Sanierungs- und Wertmanagement, Wiesbaden.
Schreyögg, Georg (2008): Organisation. Grundlagen moderner Organisationsgestaltung, 5. Auflage, Wiesbaden.
Slack, Nigel; Chambers, Stuart; Johnston, Robert (2010): Operations Management, 6. Auflage, London.
Taylor, Frederick W. (1911): The principles of scientific management, London.
Thommen, Jean-Paul; Achleitner, Ann-Kristin (2009): Allgemeine Betriebswirtschaftslehre. Umfassende Einführung aus managementorientierter Sicht, 6. Auflage, Wiesbaden.
Thonemann, Ulrich (2010): Operations Management. Konzepte, Methoden und Anwendungen, 2. Auflage, München.
Toutenburg, Helge; Knöfel, Philipp (2009): Six Sigma. Methoden und Statistik für die Praxis, 2. Auflage, Berlin u. a.
Vahs, Dietmar (2009): Organisation. Ein Lehr- und Managementbuch, 7. Auflage, Stuttgart.
Voeth, Markus, Herbst, Uta (2013): Marketing-Management. Grundlagen, Konzept und Umsetzung, Stuttgart.
Werther, Simon; Jacobs, Christian (2014): Organisationsentwicklung – Freude am Change, Berlin u. a.
Whiting, Edwin (1986): A Guide to Business Performance Measurements, London.

Beiträge aus Sammelwerken

Braun von Reinersdorff, Andrea; Rasche, Christoph (2014): Mobilisierung strategischer und operativer Leistungsreserven im Krankenhaus. Gestaltungsfelder und Grenzen der Service-Industrialisierung, in: Bouncken, Ricarda B.; Pfannstiel, Mario A.; Reuschl, Andreas J. (Hrsg.): Dienstleistungsmanagement im Krankenhaus (Band II), Berlin, S. 29-57.
Brunke, Bernd; Klein, Johannes (2012): Turnaround/Restrukturierung von Unternehmen in Krisensituationen, in: Bamberger, Ingolf; Wrona, Thomas (Hrsg.): Strategische Unternehmensberatung. Konzeptionen – Prozesse – Methoden, 6. Auflage, Wiesbaden, S. 46-76.
Crone, Andreas (2012): Die Unternehmenskrise, in: Crone, Andreas; Werner, Henning (Hrsg.): Modernes Sanierungsmanagement. Sanierungskonzepte, Finanzinstrumente, Insolvenzverfahren, Haftungsrisiken, Arbeitsrecht und Verhandlungsführung, 5. Auflage, München, S. 3-14.
Friedrich, Stephan A.; Rasche, Christoph; Stahl, Heinz K. (2002): Alles neu, alles besser oder beides? – Zehn Wege zur wertsteigernden Führung von Dienstleistungsunternehmen, in: Hinterhuber, Hans H.; Stahl, Heinz K. (Hrsg.): Innsbrucker Kolleg für Unternehmensführung: Erfolg durch Dienen? – Beiträge zur Wertsteigernden Führung von Dienstleistungsunternehmen, Band 4, Renningen, S. 264-283.
Gmür, Markus (2010): Anreizsystem, in: Scholz, Christian (Hrsg.): Vahlens Großes Personallexikon, München, S. 24-26.
Haenecke, Henrik (2003): Bedeutung der Erfolgsfaktorenforschung, in: Zerres, Michael; Zerres, Christopher (Hrsg.): Innovative Ansätze einer marktorien-

tierten Unternehmensführung. Lösungen für eine erfolgreiche Implementierung, Stuttgart, S. 13-23.

Krüger, Wilfried (2004): Wandel, Management des (Change Management), in: Schreyögg, Georg; von Werder, Axel (Hrsg.): Handwörterbuch Unternehmensführung und Organisation – Enzyklopädie der Betriebswirtschaftslehre, 4. Auflage, Stuttgart, Sp. 1605-1614.

Krüger, Wilfried (2007): Change Management, in: Köhler, Richard; Küpper, Hans-Ulrich; Pfingsten, Andreas (Hrsg.): Handwörterbuch der Betriebswirtschaft – Enzyklopädie der Betriebswirtschaftslehre, 6. Auflage, Stuttgart, Sp. 195-203.

Krüger, Wilfried (2014): Das 3W-Modell: Bezugsrahmen für das Wandlungsmanagement, in: Krüger, Wilfried; Bach, Norbert (Hrsg.): Excellence in Change. Wege zur strategischen Erneuerung, 5. Auflage, Wiesbaden, S. 1-32.

Mayer, Reinhold (2003): Zero-Base-Budgeting (ZBB), in: Horváth, Peter; Reichmann, Thomas (Hrsg.): Vahlens Großes Controllinglexikon, 2. Auflage, München, S. 835-836.

Mayer, Reinhold; Stoi, Roman (2003): Prozesskostenrechnung, in: Horváth, Peter; Reichmann, Thomas (Hrsg.): Vahlens Großes Controllinglexikon, 2. Auflage, München, S. 623-625.

Moldenhauer, Ralf (2012): Strategisches Restrukturierungskonzept, in: Crone, Andreas; Werner, Henning (Hrsg.): Modernes Sanierungsmanagement. Sanierungskonzepte, Finanzinstrumente, Insolvenzverfahren, Haftungsrisiken, Arbeitsrecht und Verhandlungsführung, 5. Auflage, München, S. 109-128.

Rasche, Christoph (2002a): Aufbau und Verteidigung komparativer Konkurrenzvorteile in hyperkompetitiven Märkten, in: Böhler, Heymo (Hrsg.): Marketing-Management und Unternehmensführung. Festschrift für Richard Köhler, Stuttgart, S. 51-98.

Rasche, Christoph (2005a): Multifokales Sanierungsmanagement. Von der engpassorientierten zur mehrdimensionalen Krisenbewältigung, in: Burmann, Christoph; Freiling, Jörg; Hülsmann, Michael (Hrsg.): Management von Ad-hoc-Krisen. Grundlagen – Strategien – Erfolgsfaktoren, Wiesbaden, S. 331-358.

Rasche, Christoph (2007): Pitfalls of Corporate Restructuring. Theorien, Trends und Thesen gescheiterter Veränderungsprozesse, in: Rausch, Karin (Hrsg.): Organisation gestalten – Struktur mit Kultur versöhnen (Tagungsband der 13. wissenschaftlichen Fachtagung für Angewandte Wirtschaftspsychologie), S. 280-298.

Rasche, Christoph; Braun von Reinersdorff, Andrea (2016): Krankenhäuser als Expertenorganisationen. Wertschaffung und Produktivitätssteigerung durch innovative Geschäftsmodelle, in: Pfannstiel, Mario A.; Rasche, Christoph; Mehling, Harald (Hrsg): Dienstleistungsmanagement im Krankenhaus. Nachhaltige Wertgenerierung jenseits der operativen Exzellenz, Wiesbaden, S. 1-24.

Rasche, Christoph; Braun von Reinersdorff, Andrea; Knoblach, B.; Fink, D. (2018): Digitales Unternehmen im Gesundheitswesen. Harmonisierung von Markt- und Technologieprioritäten, in: Pfannstiel, Mario A.; Da-Cruz, Patrick; Rasche, Christoph (Hrsg): Entrepreneurship im Gesundheitswesen II. Geschäftsmodelle – Prozesse – Funktionen, Wiesbaden, S. 1-39.

Rasche, Christoph; Schmidt-Gothan, Hanno (2018): Controlling und Reportingsysteme in der Unternehmensrestrukturierung: in: Knecht, Thomas C.; Hommel, Ulrich; Wohlenberg, Holger (Hrsg.): Handbuch Unternehmensrestrukturierung. Grundlagen-Konzepte-Maßnahmen, 2. Auflage, Wiesbaden, S. 1983-2007.

Rasche, Christoph; Margaria, Tiziana; Floyd, Barry D. (2017): Service Model Innovation in Hospitals: Beyond Expert Organizations, in: Pfannstiel, Mario A.; Rasche, Christoph (Hrsg.): Service Business Model Innovation in Healthcare and Hospital Management. Models, Strategies, Tools, Wiesbaden, S. 1-19.

Schiessler, Bettina (2013): Die Rolle der Organisationsentwicklung im Change Management, in: Landes, Miriam; Steiner, Eberhard (Hrsg.): Psychologie der Wirtschaft, Wiesbaden, S. 589-611.

Schmidt, Reinhard H.; Weiß, Marco (2003): Shareholder vs. Stakeholder: Ökonomische Fragestellungen, in: Hommelhoff, Peter; Hopt, Klaus J.; Werder, Axel von (Hrsg.): Handbuch Corporate Governance. Leitung und Überwachung börsennotierter Unternehmen in der Rechts- und Wirtschaftspraxis, Köln u. a., S. 107-128.

Servatius, Hans-Gerd (1998): Vom Reengineering zum Wissensmanagement, in: Scheer, August-Wilhelm (Hrsg.): Neue Märkte, neue Medien, neue Methoden. Roadmap zur agilen Organisation, Heidelberg, S. 323-351.

Stoi, Roman (2003): Activity-based Costing (ABC), in: Horváth, Peter; Reichmann, Thomas (Hrsg.): Vahlens Großes Controllinglexikon, 2. Auflage, München, S. 5-7.

Streich, Richard K. (1997): Veränderungsprozeßmanagement, in: Reiß, Michael; Rosenstiel, Lutz von; Lanz, Anette (Hrsg.): Change Management. Programme, Projekte und Prozesse, Stuttgart, S. 237-255.

Tiberius, Victor; Rasche, Christoph (2017): Disruptive Geschäftsmodelle von FinTechs: Grundlagen, Trends und Strategieüberlegungen, in: Tiberius, Victor; Rasche, Christoph (Hrsg.): FinTechs: Digitale Disruptionen im Finanzsektor, Wiesbaden, S. 1-25.

Aufsätze aus Zeitschriften

Burnes, Bernard (2004): Kurt Lewin and the Planned Approach to Change. A Re-appraisal, in: Journal of Management Studies, 41. Jahrgang, 6. Ausgabe, S. 977-1002.

Gilbert, Xavier; Strebel, Paul (1987): Strategies to outpace the Competition, in: Journal of Business Strategy, 8. Jahrgang, 1. Ausgabe, S. 28-36.

Kaplan, Robert S.; Norton, David P. (1992): The Balanced Scorecard. Measures That Drive Performance, in: Harvard Business Review, 70. Jahrgang, 1. Ausgabe, S. 71-79.

Kaplan, Robert S.; Norton, David P. (1993): Putting the Balance Scorecard to Work, in: Harvard Business Review, 71. Jahrgang, 5. Ausgabe, S. 134-147.

Kaplan, Robert S.; Norton, David P. (1996a): Using the Balanced Scorecard as a Strategic Management System, in: Harvard Business Review, 74. Jahrgang, 1. Ausgabe, S. 75-85.

Kaplan, Robert S.; Norton, David P. (2000): Having Trouble with Your Strategy? Then Map It, in: Harvard Business Review, 78. Jahrgang, 5. Ausgabe, S. 167-176.

Kaufmann, Lutz (1997): Balanced Scorecard, in: Zeitschrift für Planung, o. Jahrgang, 8. Ausgabe, S. 421-428.

Larkin, T. J.; Larkin, Sandar (1996): Reaching and Changing Frontline Employees, in: Harvard Business Review, 74. Jahrgang, 3. Ausgabe, S. 95-104.

Lewin, Kurt (1947): Frontiers in Group Dynamics. Concept, Method and Reality in Social Science; Social Equilibria and Social Change, in: Human Relations, 1. Jahrgang, 2. Ausgabe, S. 5-40.

Pfeffer, Jeffrey; Sutton, Robert I. (1999): Knowing »What« to Do Is Not Enough. Turning Knowledge into Action, in: California Management Review, 42. Jahrgang, 2. Ausgabe, S. 83-108.

Porter, Michael E. (1979): How Competitive Forces Shape Strategy, in: Harvard Business Review, 57. Jahrgang, 2. Ausgabe, S. 137-145.

Rasche, Christoph (2005b): Kernfragen und Imperative des strategischen Managements, MBA-Skript Strategisches Management, Potsdam, Osnabrück, Innbruck.

Rasche, Christoph (2013): Big Data. Herausforderung für das Management, in: wisu – Das Wirtschaftsstudium, 42. Jahrgang., 8.-9. Ausgabe, S. 1076-1083.

Stern, Joel M.; Stewart III, G. Bennett; Chew, Donald H. (1995): The EVA® Financial Management System, Journal of Applied Corporate Finance, 8. Jahrgang, 2. Ausgabe, S. 32-46.

Strategyzer AG (2016): Business Model Canvas, https://strategyzer.com/canvas/business-model-canvas [23.11.2016].

Trebesch, Karsten (2004): Das Wurzelholz und die neuen Triebe. Ursprünge, Zielsetzungen und Methode der Organisationsentwicklung und kritische Analyse, in: OrganisationsEntwicklung. Zeitschrift für Unternehmensentwicklung und Change Management, o. Jahrgang, 4. Ausgabe, S. 72-79.

Wild, Jürgen (1973): Organisation und Hierarchie, in: Zeitschrift für Organisation, 42. Jahrgang, 1. Ausgabe, S. 45-54.